Die Magie der Göttinnen

Anahita, persische Göttin der Weisheit und Fruchtbarkeit

Die Magie der Göttinnen

ZAUBERSPRÜCHE, MAGIE UND
RITUALE GÖTTLICHEN URSPRUNGS

AURORA KANE

Librero

Für meine Mutter – eine echte Muttergöttin – und alle meine
göttlichen Freundinnen und die Göttin in uns allen

Titel der Originalausgabe: *Goddess Magic*

© 2023 Librero IBP (für die deutschsprachige Ausgabe)
www.librero-ibp.com

© 2022 by Quarto Publishing Group USA Inc.
Ursprünglich 2022 herausgegeben von Wellfleet Press, einem Imprint von The Quarto Group

Illustrationen von Sosha Davis: Seiten 2, 8, 22, 30, 34, 54, 58, 72, 76, 92, 95, 102, 105, 114, 117, 128, 146, 151, 153, 161, 208

Verleger: Rage Kindelsperger
Lektoratsleitung: Cara Donaldson
Kreativdirektorin: Laura Drew
Lektorat: Leeann Moreau und Elizabeth You
Coverillustration: Sosha Davis
Layout: Laura Klynstra

Übersetzung aus dem Englischen:
Anita Weinberger-Schwendenwein, Wien
Redaktion und Satz der deutschen Ausgabe:
Print Company Verlagsges.m.b.H., Wien

Printed in China

ISBN: 978-94-6359-551-3

FSC
www.fsc.org
MIX
Papier | Fördert
gute Waldnutzung
FSC® C016973

Inhalt

Tritt ein voll Stolz in diesen heil'gen Raum, der Göttin Reich.
Nimm deinen Platz an deren Seite, die unter, mitten, über uns, auf Erden
wandert, um uns zu lehren, führen, beizustehen gleich,
auf dass wir größer werden.

Ihre Macht beherrscht das Reich des Lebens, von uns geschätzt, geehrt,
die Weisheit flüstern sie in unser Ohr, dass unsre Ängste weichen.
Ihr Charme und ihre Schönheit sind für uns von großem Wert.
Vereint dein Zauber sich mit ihrem, wirst du zu ihresgleichen.

Entdecke, was die Göttinnen seit Urzeit wissen, machen –
der Zauber liegt in deinem Herzen, das Feuer musst du selbst bewachen.

Hand in Hand mit eurer Freundin – Göttin – formt den Kreis
zu ehren die, die vor euch waren, die, die das Leben forsch benennt.
Denn Macht zu teilen lässt sie wachsen. Und jeder Zauber weiß,
wenn alle ihre Wahrheit ehren, die Flamme ewig brennt.

Einleitung

Willkommen bei der Feier der weiblichen Energie. *Magie der Göttinnen* ist genau das – und auch eine Chance, mit unseren Vorfahren und anderen mächtigen weiblichen Figuren vor ihnen in Verbindung zu treten und von ihnen zu lernen. Das Buch erlaubt uns nebenbei, uns selbst besser kennenzulernen und unsere göttlichen Kräfte einzusetzen, um in der Welt Gutes zu tun und unser wahres, authentisches Leben zu führen.

Die Ursprünge der Bedeutung von Göttinnen liegen in der Gesellschaft – wegen der Verehrung oder der Geschichten, die man schon vor Zigtausenden Jahren erzählte, um alltägliche, unerklärliche Ereignisse zu erklären. Sie waren gleichzeitig Mutter, Heilerin, Tier, Kriegerin, Hebamme, Frühlingsregen, Herbsternte, Regenbogen und schöne Verführerin – um nur ein paar ihrer beeindruckenden Errungenschaften zu erwähnen.

Bei der Erkundung der 61 Göttinnen vieler Kulturen und Einflussbereiche, die hier versammelt sind, werden Sie die entdecken, die in allen Lebensbereichen helfen können, bei Mutterschaft, Liebe, Erfolg, Stärke, Andacht, Schönheit, Kreativität und Heilung. Wir suchen nach der Weisheit und dem Rat jeder einzelnen Göttin und erfahren mehr über deren spezielle Mächte und bevorzugten Opfergaben. Mit 45 Zaubersprüchen und Ritualen für Ihren Einstieg ehren wir diese Göttinnen und erhöhen die Energie, mit der wir uns mit ihnen verbinden, um unsere Absichten zu manifestieren und ein bedeutungsvolles und ausgefülltes Leben zu leben.

Ganz nebenbei schärfen Sie Ihre Intuition und vertrauen mehr auf Ihren Einfluss auf den Lauf der Welt als jemals zuvor. Sie spüren den Zauber überall und wissen, wie Sie ohne Angst die Energie, die Sie für Ihre Bedürfnisse und Wünsche brauchen, nutzen. Sie lernen, Ihre innere Göttin einzusetzen und Ihren Zauber auf die Welt loszulassen, um diese für alle besser zu machen.

Sie bekommen sofort den Status einer Göttin und brauchen weder bestimmte magische Erfahrung noch Werkzeuge, um in dieses Reich einzutreten. Alles, was Sie brauchen, liegt in Ihnen – dort beginnt Ihre Magie.

Wie bei allen Dingen ist die Basis des Zaubers eine Verbindung zur Natur und ein Leben in Harmonie mit deren natürlichem Rhythmus. Fügen Sie niemals Schaden zu und übernehmen Sie Verantwortung für Ihre Taten. Seien Sie bereit, den göttlichen Zauber in Ihrem Leben zu erfahren.

Venus, römische Göttin der Liebe

Göttinnen

Die Göttin als Mutterfigur, die alles hervorbrachte, war die Erste, die göttliche Verehrung erfuhr – alle anderen sind ihr Echo. Sie steht für die Zyklen des Lebens – Geburt und Tod, Wachsen und Vergehen – und damit erklärt sich auch ihre enge Verbindung mit dem Mond.

Als spirituelle Figur der Verehrung gewann die Göttin an Bedeutung, je stärker die Gesellschaften landwirtschaftlich geprägt waren. Ernten und die Fruchtbarkeit der Erde als Große Mutter waren von größter Bedeutung. Ihre Gunst zu erhalten und ihre Fülle zu feiern, war wichtig im Leben der Menschen, da der Bedarf an Nahrung scheinbar je nach Laune erfüllt wurde, oder auch nicht.

Aber bei dieser lebenspendenden Figur geht es nicht nur um Geburt oder Ernte, sondern auch um Kunst, Handwerk, Heilung, Natur, Recht, Ordnung und vieles mehr. Sie ist nicht nur Mutter, auch Ehefrau, Seherin, Königin, Richterin, Geliebte, Hausfrau, Kriegerin, Heilerin und vieles mehr. Sie regiert Sonne und Mond, Himmel und Erde. Sie ist Macht in all ihren weiblichen Formen und ihrer Schönheit.

Viel kann man von diesen weisen Frauen lernen, deren magische Energien in allen möglichen Formen zum Tragen kommen. Der Schlüssel dazu ist der Glaube – an das Universum, das Unsichtbare und sich selbst.

Der erste Schritt ist die Wahl einer Göttin oder von zwei oder drei, mit denen man arbeiten möchte. Danach müssen Sie lernen, eine Beziehung zu ihr aufzubauen und sich mit ihren Energien in Einklang zu bringen, um Ihre Absichten zu verwirklichen. Lesen Sie weiter, um mehr über die Energie der Göttinnen zu erfahren und wie Sie sie am besten empfangen und nutzen.

DIE ENERGIE DER GÖTTINNEN

Es existiert eine vibrierende Energie in allen materiellen Dingen (Bäumen, Kristallen, Farben, Menschen etc.) und nichtmateriellen (Emotionen, Gedanken, Musik, Klängen, etc.). Das Gesetz des Universums besagt, man könne durch bewusste Lenkung und Nutzung dieser Energien die gewünschte Veränderung bewirken.

Bezieht man die Energie der Göttin in die magische Praxis mit ein, stärkt dies die Verbindung zum Universum. Zu den magischen Energien aus allen Bereichen der Natur fügen die Göttinnen ätherische und spirituelle Bedeutung hinzu, die direkt die Seele anspricht. Sie sind die Verkörperungen der Energie, die wir für die Stärkung unserer magischen Arbeit suchen. Die Energie der Göttinnen zu kanalisieren, verleiht das Vertrauen, seinen Platz zu behaupten und eigene Meinungen zu äußern sowie das, was man auf dem Herzen hat, herauszulassen. Die eigene Energie in Verbindung mit der göttlichen stellt eine mächtige Kraft für die dar, die daran glauben. Aber wie bei allen magischen Dingen muss die Absicht wahrhaftig und die Herzen geduldig sein.

Obwohl es für die, die Wicca (auch Göttinnenbewegung) praktizieren, üblich ist, mit und an der Seite einer Vielzahl von Göttinnen zu arbeiten und von ihrer Energie und Weisheit zu profitieren, ist kein bestimmtes Religionssystem von Nöten, um von der Magie der Göttinnen zu profitieren – sie steht allen offen, die daran glauben.

DIE ENERGIE DER GÖTTIN NÜTZEN

Göttliche Energie ist überall um uns – und in uns, als Teil unserer eigenen inneren Göttin. Um diese Energie in Ritualen und Zaubersprüchen zu nützen, müssen wir zunächst entschleunigen, um sie überhaupt zu erkennen. In den heutigen, schnelllebigen, unsicheren und außer Kontrolle geratenen Zeiten, ist es umso wichtiger, sich um sich selbst zu sorgen, damit man sich entfalten und wachsen kann. Die Verbindung zur inneren Göttin und die Nutzung göttlicher Magie können Teil dieser Praxis sein. Alles in allem nährt, reflektiert und stärkt die Energie der Göttinnen unsere göttliche, weibliche Kraft. Manchmal tritt diese Energie in den Hintergrund, doch verschwindet sie nie ganz. Man kann sie stärken und sich mit dem Reich der Göttin verbinden.

FREUNDSCHAFT MIT DER GÖTTIN SCHLIESSEN

Um herauszufinden, welche Göttin(nen) am besten hilft (helfen) und wo der stärkste Nachhall besteht, ist es wichtig, aufgeschlossen und neugierig zu sein. Hier sind einige Möglichkeiten, das Beste der neuen Göttinnen zu entdecken.

- Forschen und lernen Sie alles über eine bestimmte Göttin, was möglich ist. Das ist der beste Weg, um herauszufinden, ob Sie die richtige Göttin gewählt haben, die Ihrer Energie und ihrem Zweck entspricht. Vielleicht wählte eine Göttin auch Sie? Versuchen Sie auch da zu erfahren, warum. Eventuell wissen Sie auch intuitiv, welche Göttin (oder Göttinnen) zu Ihnen passt (passen). Lernen Sie sie kennen, wie Sie es auch bei einer neuen Freundin machen würden.

- Stellen Sie einen Altar auf (siehe Seite 12) oder mehrere. Er kann allen Zwecken dienen, mit wechselnden Artefakten und Dekorationen, je nach Jahreszeit oder entsprechend Ihren Absichten; er kann aber auch auf eine bestimmte Göttin oder bestimmte Absicht ausgerichtet sein.

- Meditieren Sie mit Ihren Favoritinnen oder laden Sie unbekannte Göttinnen zu einer Meditation ein, insbesondere zu bestimmten Themen, bei denen sie Ihnen helfen können.

- Bleiben Sie für Kreativität, Einsicht, Problemlösungen oder gemäß Ihren Wünschen in täglichem Kontakt mit den Göttinnen.

- Bieten Sie den Göttinnen Gaben an, um ihre Gunst zu erlangen, oder bringen Sie ihnen Opfer dar, um Raum für den göttlichen Zauber zu schaffen. Der Zauber kann sich nach der Göttin richten oder nach Ihrem Zweck, wie es eben die Umstände erfordern.

- Beten Sie zu Ihrer Göttin um göttliche Weisheit und Leitung und seien offen für das, was Sie empfangen.

- Gehen Sie spazieren und treten Sie in Kontakt mit der Natur.

- Zeigen Sie Dankbarkeit für erwiesene Gunst.

- Bleiben Sie sich selbst und Ihren Träumen treu.

Errichten Sie einen Altar für Ihre Göttin

Die Magie einer Göttin zu erschaffen, benötigt kein bestimmtes Werkzeug. Tatsächlich sind *Sie* und der magische Glaube an die Verbindung mit den universellen Energien das einzige Werkzeug, um die Ergebnisse zu beeinflussen. Dennoch kann es Spaß machen, einige Hilfsmittel zu kreieren, wie z. B. einen Altar, und in der magischen Praxis zu verwenden, um die Arbeit zu inspirieren und die Energie der Schwingungen zu offenbaren, die man verwendet, um dem Universum Absichten kundzutun.

Ein Altar bestimmt einen geheiligten Ort und stellt eine sichtbare Erinnerung und eine physische Präsenz dar – im Haus oder im Freien, bei der Arbeit in Gruppen oder allein –, um die Energie zu konzentrieren, zu meditieren oder ein, zwei Zaubersprüche der Göttinnen auszuprobieren.

Der Altar muss nicht raffiniert sein, sondern kann einfach aus einer Fensterbank bestehen – oder aus einer Schachtel für einen mobilen Altar!

Es kann auch ein Bücherregal oder eine Tischplatte sein, auf der Sie die Göttinnenstatuen, Kerzen, Kristalle oder andere Hinweise auf Ihre Absichten stellen, um Sie jeden Tag an Ihre Arbeit und Ihre Prioritäten zu erinnern.

Vielleicht entscheiden Sie sich auch für mehr als einen Altar zu Ehren verschiedener Göttinnen oder Sie wechseln mit den Jahreszeiten und den sich entwickelnden Lebensbedingungen. Man kann auch Altäre für bestimmte Zwecke errichten: zum Beispiel im Schlafzimmer, um die Liebe anzuziehen; in der Küche als Hilfe, eine gesunde Familie aufzuziehen; in einer stillen Ecke, um Dank zu sagen oder Kräfte zu sammeln. Vielleicht errichten Sie auch einen für die Mondgöttin oder Ihre Vorfahren. Stellen Sie einen im Freien auf, um die Natur und ihre Göttinnen gemeinsam mit dem Zauber und der Fülle, die sie Ihrem Leben verleihen, zu feiern. Seien Sie so einfallsreich, kreativ oder minimalistisch, wie sie mögen.

Den Ort, wo der Altar errichtet werden soll, zu säubern, entfernt negative Energien und macht Platz für positive Schwingungen. Reinigen Sie den Ort mit Rosmarin- oder Rosenwasser und kehren Sie in mit einem Büschel Lavendelblüten aus. Den Platz mit einem Zeremoniell zu säubern, ist ebenfalls eine Alternative – vielleicht mit einem Reisigbesen oder einem Salbei-Reinigungsspray, um die nutzlosen Energien loszuwerden.

Ihr Altar repräsentiert Ihre Persönlichkeit – Herz, Hoffnungen, Träume, Absichten und Leben. Wenn Sie Ihrem Herzen treu bleiben, wird der Altar Ihnen helfen, Ihren Zauber arbeiten zu lassen, wenn Sie ihn anrufen.

Was man auf einem Altar aufstellen soll

Ihr Altar wird sich parallel zur magischen Praxis entwickeln. Die Dekoration ist sehr persönlich. Bedecken Sie ihn nach Wunsch mit einem Tuch – vielleicht in der Farbe, die Ihren Absichten entspricht oder der Göttin, die sie anrufen. Bleiben Sie möglichst bei natürlichen Materialien, ob der ihnen innewohnenden einzigartigen Energien. Sie können auf Ihren Altar einige oder alle der folgenden Elemente stellen, aber machen Sie immer das, was sich richtig anfühlt und Ihrem Herzen entspricht:

- ᭡ Darstellungen Ihrer ausgewählten Göttinnen, etwa Bilder, Statuen oder heilige Blumen.

- ᭡ Wasser – entweder angereichert mit dem Licht des Vollmondes oder aus einem Bach, Fluss oder Ozean, um Ihren Altar zu reinigen und zu weihen.

- Eine Schüssel mit sauberer Erde, Himalaya-Salz, Kristalle oder Samen, um die Elemente der Erde und alles, was Sie daran verehren, zu repräsentieren.

- Kerzen in der Farbe Ihrer Absichten (siehe Seite 15) oder stattdessen Kerzenhalter aus farbigem Kristall mit weißen Kerzen.

- Kristalle, deren Schwingungsenergie Sie mit Ihren Zielen verbinden und die in Ihnen widerhallen.

- Ätherische Öle für Zaubersprüche und Rituale oder für Meditation.

- Bilder von geliebten Personen oder andere Erinnerungsstücke, die Ihnen wichtig sind.

- Göttinnen- oder Tarotkarten, Runensteine, einen kleinen Kessel, eine Kristallschale oder anderes Werkzeug, um Sie bei der täglichen Meditation, Festlegung von Absichten oder Zauberei unterstützen.

- Getrocknete Kräuter, frische Blumen oder andere Pflanzen, die Ihre Absichten widerspiegeln und natürliche Schönheit hinzufügen, um die Energien zu fördern und zu verstärken, die Ihre Seele sucht.

- Bücher mit einer bestimmte Bedeutung, auch ein Tagebuch.

- Glocken, Glockenspiele oder Klangschalen.

DIE GÖTTINNEN ANRUFEN

Es ist hilfreich, die Göttinnen an einem heiligen Ort wie einem Altar anzurufen und den Zweck Ihrer Konsultation zu definieren. Dies ist eine Zeit der Stille, der Ruhe und der inneren Sammlung. Visualisieren Sie die Göttin, sobald Sie Ihnen erscheint. Visualisieren Sie auch Ihre Absichten und das gewünschte Ergebnis. Bitten Sie die Göttin, zu Ihnen zu kommen, und bitten Sie um ihre Hilfe. Bringen Sie eine Gabe des guten Willens oder des Dankes dar und schließen Sie die Zeremonie mit einer Geste der Dankbarkeit ab.

ARBEITEN MIT DER ENERGIE DER GÖTTINNEN

Die Energie der Göttinnen umgibt Sie und steht Ihnen jederzeit zur Verfügung. Mit dieser Energie zu arbeiten, ist so einfach, wie darum zu bitten oder darauf zu warten, dass eine Göttin Sie erwählt – wie auch auf den Zeitpunkt, an dem sie sich Ihnen zu erkennen gibt. Sobald Sie bereit sind, senden Sie Ihr Anliegen an das Universum und seien Sie offen für die Antwort.

Wenn Sie einmal die perfekte Göttin für sich gefunden haben, arbeiten Sie mit ihr – indem Sie ihre Absichten kundtun, meditieren, Tagebuch führen oder ihr zu Ehren gute Taten vollbringen – und ihrer Energie, um Ziele zu definieren und die Energie der Göttin in Ihr Leben zu holen. Zusätzlich zu diesen Dingen verwenden Sie auch andere Hilfsmittel, die Ihnen zusagen und Bedeutung in Ihr Leben bringen wie etwa Poesie, Musik, Tanz, Kristallarbeiten oder Ähnliches.

ABSICHTEN ÄUSSERN

Alles Handeln entspringt einer Absicht – und Absichten bestehen, wie alle Dinge, aus Energie, die uns im Universum miteinander verbindet. Diese Energie ist der Grund dafür, sich so kraftvoll mit der Energie der Göttin verbinden zu können, um unsere eigene zu vervielfachen und zu beeinflussen, was wir darstellen. Klare Absichten zu äußern, ist einer der ersten Schritte der Magie der Göttinnen.

Um Ihre Absichten zu definieren, überlegen Sie: Was suchen Sie? Was brauchen Sie? Was wünschen Sie sich? Wo in Ihrem Leben ist Aufmerksamkeit vonnöten? Tauchen Sie tief in Ihre Seele und anerkennen Sie ohne Angst und Vorurteil, was Ihnen wichtig ist und was Sie wirklich glücklich macht. Rufen Sie eine verbündete Göttin an, um deren Energie und Lektionen aufzunehmen sowie Klarheit in Ihre Gedanken zu bringen.

Wenn Sie auf der Basis von selbst definierten Prioritäten Vorsätze haben, setzen Sie Ziele, die mit Ihren Werten und Träumen übereinstimmen. Sich Ziele zu setzen, sorgt dafür, fokussiert zu bleiben und in der Gegenwart zu leben, und hilft, das allgemeine Wohlbefinden zu verbessern. Es ist auch wichtig, achtsam zu leben, ohne zu urteilen, zu akzeptieren, wie es ist, und daran zu arbeiten, die Umstände nach Wunsch zu verändern.

Denken Sie daran, dass Absichten sich verändern, wenn man sich selbst verändert. Haben Sie keine Angst, sie anzupassen, zu ersetzen oder zu verfeinern, wenn sich Ihre Bedürfnisse und Prioritäten verschieben. Bleiben Sie sich selbst und der Macht Ihrer Göttin treu, wenn Sie Ihre Träume und Wünsche verfolgen.

Hört mich jemand?

Wenn Sie Ihre Absichten dem Universum mitteilen, verursachen die Wellen der Schwingungsenergien Kettenreaktionen, die einige Zeit brauchen können, um sich zu zeigen. Ergebnisse können sich verzögern – oder andere sein, als Sie erwartet haben – aber vermutlich sind sie da, wenn Sie nur genau hinsehen und zuhören.

Wenn Sie jedoch wirklich das Gefühl haben, Ihre Absichten und Ihre innere Göttin würden nicht beachtet:

- ᕦ Seien Sie klar! Sind Ihre Energiesignale unübersichtlich? Wissen Sie, was in Ihrem Herzen vorgeht? Seien Sie ehrlich, vorurteilsfrei, annehmend und realistisch in Ihrer Einschätzung. Man kann die Schwingungsenergie nicht erhöhen, wenn Handlungen nicht im Einklang mit dem Herzen stehen.

- ᕦ Bleiben Sie konsistent. Konzentrieren Sie sich auf das Wichtige.

- ᕦ Seien Sie eingestellt. Überprüfen Sie Ihr Timing und Energieniveau.

- ᕦ Seien Sie geduldig und gläubig. Magie lässt sich nicht drängen.

- ᕦ Seien Sie präsent. Nehmen Sie wahr, was um Sie herum geschieht und seien Sie im Herzen dankbar, wenn Sie auf Ihre Ziele hinarbeiten.

- ᕦ Seien Sie nett zu den Göttinnen. Vielleicht ist ein Opfer angebracht?

- ᕦ Seien Sie gut zu sich selbst – meditieren Sie achtsam (siehe Seite 17) oder vollführen Sie Rituale, um für sich selbst da zu sein und die Göttin zu spüren, die Sie sind. Verzeihen Sie sich und anderen.

ACHTSAME MEDITATION

Ein weiteres nützliches Hilfsmittel, um die Energie der Göttin zu nutzen, ist die achtsame Meditation. Sie bietet die Möglichkeit, zu entschleunigen und zu reflektieren, die Göttin einzuladen, bei Ihnen zu sein und ihre Weisheit zu befragen, während man die inneren Gedanken und Gefühle erforscht, die später zu Absichten werden können, um Ziele zu erreichen.

Meditieren bedeutet im Allgemeinen, sich auf Kontemplation und Reflexion einzulassen, eine mentale Übung (sich auf das Atmen zu konzentrieren oder ein Mantra zu wiederholen), um ein höheres Maß an spirituellem Bewusstsein zu erreichen. Buddhisten, die seit Jahrtausenden meditieren, glauben, dass dabei Konzentration, Klarheit, positive Emotionalität und Ruhe entstehen, die man braucht, um die Wahrheit zu sehen. Wenn man seine Gedanken fokussiert, entledigt man sich der endlosen Listen, die einem durch den Kopf gehen, die eventuell Stress oder Sorgen bereiten oder es schwer machen, sich zu konzentrieren und Entscheidungen zu treffen.

Achtsame Meditation bedeutet, präsent zu sein; danach zu streben, sich des Augenblicks bewusster zu sein, ohne vorgefasste Meinung oder Vorurteile, und auf sich selbst zu achten – auf das Atmen, Gefühle, Empfindungen und Gedanken. Meditation bedeutet nicht, alles aus unserem Leben auszuschalten, sondern die Gegenwart hereinzuholen und eins mit sich selbst zu sein.

Heute zu meditieren, bedeutet im Allgemeinen einen Weg, Stress und Ängste abzubauen. Wenn Sie schon länger meditieren, werden Sie sich der positiven Erfahrung für Ihr Leben sicher bewusst sein. Wenn nicht, haben Sie nicht zu verlieren; man kann nichts falsch machen und braucht nicht viel Zeit.

Regelmäßige Meditation kann ein verändertes Gefühl für Entspannung und Wohlbefinden hervorrufen. Zu lernen, die Gedanken zu fokussieren, unterstützt uns, das Durcheinander im Gehirn zu beseitigen. Es hilft, zu erkennen, was am wichtigsten ist – und noch wichtiger, einfach für eine Weile nur zu *sein*. Man sagt, Meditation trage zu einem gesamten körperlichen und mentalen Wohlbefinden bei, unterstütze die Bildung von neuen Perspektiven in Stresssituationen, reduziere negative Gefühle und Reaktionen, erhöhe die Kreativität, fördere die Akzeptanz, lindere Schmerzen und verstärke Glücksgefühle. Meditation kann auch die Entwicklung der Intuition fördern, die ebenfalls für Ihr magisches Arbeiten nützlich ist.

Man braucht nicht viel, eigentlich gar keine raffinierte Ausrüstung, nur einen ruhigen Ort (im Freien, umgeben von Natur ist eine großartige Option), eine bequeme Position und einen offenen Geist – und vielleicht einen sanften Wecker, wenn man die Sitzungen begrenzen will. Sie können den Ort so ausgefallen machen, wie sie mögen, mit ätherischen Ölen, Kristallen, Kerzen, anderen Ritualen etc., oder aber auch nur atmen.

Achtsame Meditation braucht Übung und Beständigkeit – sogar nur 10 Minuten pro Tag können helfen –, doch wenn Sie einmal die Vorteile davon in Ihrem Leben spüren, werden Sie sich nach der Ruhe sehnen, die die Meditation mit sich bringt. Für welche Option Sie sich auch entscheiden, machen Sie es regelmäßig und stressfrei.

Grundlagen der göttlichen Meditation

- ᔆ Suchen Sie einen ruhigen, bequemen Ort, an dem Sie nicht gestört werden. Entspannen Sie sich. Stellen Sie einen sanften Wecker, wenn Sie Ihre Sitzung zeitlich begrenzen möchten.

- ᔆ Wenn Sie sich dabei wohl fühlen, schließen Sie die Augen, um visuelle Ablenkungen zu vermeiden.

- ᔆ Bitten Sie. Laden Sie eine bestimmte Göttin ein, zu Ihnen zu kommen, oder lassen Sie sich von einer auswählen. Stellen Sie sich vor, wie sie Ihren Raum betritt, sich zu Ihnen setzt, mit Ihnen geht, Sie tröstet. Was sagt sie Ihnen? Wie fühlen Sie sich?

- ᔆ Atmen Sie. Richten Sie die Aufmerksamkeit auf die Atmung. Atmen Sie durch die Nase ganz natürlich und tief ein und aus. Konzentrieren Sie sich auf jeden Atemzug; spüren Sie, wie sich Ihr Körper beim Einatmen ausdehnt und beim Ausatmen zusammenfällt. Spüren Sie, wie sich der Atem beruhigt und die Energie in Ihnen sammelt – entspannen Sie sich.

- ᔆ Stellen Sie sich vor, wie jedes Einatmen Sie mit der Weisheit und Liebe der Göttin von oben bis unten erfüllt, sie reinigt und von jedem negativen Gefühl, von Verletzungen und Angst befreit.

- Visualisieren Sie, wie das Ausatmen alles, was Ihnen Schmerzen bereitet, mit sich nimmt und jedes Einatmen es durch freundlichen Trost und unendliche Kraft ersetzt.

- Fokussieren Sie sich. Während Sie sich auf den Atem konzentrieren, beginnen Ihre Gedanken vielleicht abzuschweifen. Nehmen Sie es wohlwollend zur Kenntnis und lenken Sie die Aufmerksamkeit wieder auf das Atmen. Hören Sie auf Ihre innere Göttin. Alternativ können Sie, während Sie weiter atmen, die Aufmerksamkeit auf Ihren Körper lenken, immer auf einen Körperteil nach dem anderen, von den Zehen bis zu Kopfhaut. Schmerzt ein bestimmter Körperteil oder fühlt sich verspannt an, verweilen Sie dort und atmen weiter, bis er sich entspannt, und fahren dann erst fort. Sollten Ihre Gedanken wieder abschweifen, setzen Sie sacht den Fokus neu und führen den Prozess weiter fort.

- Seien Sie dankbar. Wenn der Wecker läutet oder Sie sich bereit fühlen, richten Sie die Aufmerksamkeit wieder auf die Umgebung. Öffnen Sie die Augen. Wackeln Sie mit den Zehen. Nehmen Sie sich einen Moment Zeit, der Göttin für die ruhige Zeit zu danken sowie dem Raum, der Sie willkommen heißt, bevor Sie zu Ihren normalen Aktivitäten zurückkehren – aufgeladen mit der Energie der Göttin, die sowohl beruhigt als auch inspiriert.

SCHREIBEN SIE ES AUF

Eine weitere Möglichkeit, die Weisheit der Göttin zu erlangen, ist das Aufschreiben dessen, was Sie erreichen wollen. Wenn Sie Ihre Absichten schriftlich festhalten, sei es in einem Tagebuch, Notizblock, Kalender oder Ähnlichem, haben Sie Aufzeichnungen, die Ihnen als Erinnerung dienen, über die Sie nachdenken und anhand derer Sie die Fortschritte überprüfen können. Im Allgemeinen bringt uns die schriftliche Form von der gedanklichen Ebene auf die handelnde. Es hält uns engagiert, motiviert, fokussiert, bewusst. Es macht Platz in Ihrem Kopf für andere Dinge. Es lässt Sie dankbar und ehrlich bleiben und reduziert Stress. Träume und Absichten aufzuschreiben, schafft eine neue Form von Energie, um Ihre Gedanken in das Universum zu senden.

Führt man mit den Göttinnen Tagebuch, kann man entweder über Themen und Absichten schreiben, für die eine bestimmte Göttin steht, oder über alltägliche Themen und Absichten und dabei die Energie der Göttin in sich wirken lassen, so wie es sich am natürlichsten anfühlt.

- Schreiben Sie nach der Meditation, besonders wenn sie mit einer Göttin stattfand. Was haben Sie gelernt? Was möchten Sie darüber hinaus noch wissen? Was hat Sie überrascht?

- Schreiben Sie über die Bedürfnisse und Wünsche Ihrer inneren Göttin.

- Verzieren Sie Ihr Tagebuch mit Zeichnungen oder Bildern, Gedichten oder Zaubersprüchen, die Ihre Göttin heraufbeschwören.

- Schreiben Sie Fragen auf, um Sie mit Ihrer Göttin zu besprechen, oder Zeiten, in denen Sie ihre Präsenz gespürt haben, auch, wo Sie sich in dem Moment befanden und was Sie gerade machten. Woher wussten Sie, dass sie da war? Empfangen Sie ihre Botschaft durch das Schreiben.

- Sehen Sie sich selbst als diese Göttin und schreiben Sie über ihre besonderen Kräfte. Schreiben Sie frei und ehrlich, ohne zu urteilen.

- Machen Sie bejahende, die Energie der Göttin lenkende Aussagen.

- Schreiben Sie über Zaubersprüche und Rituale, die Sie erfunden und ausprobiert haben, sowie deren Ergebnisse.

- Schreiben Sie täglich oder nach Bedarf, aber machen Sie Platz für den Zauber in Ihrem Leben.

DIE GÖTTIN ANRUFEN ODER BESCHWÖREN

Wenn es um die Kommunikation mit den Göttinnen geht, sind „Anrufung" und „Beschwörung" ähnliche Begriffe, die jedoch in der magischen Welt unterschiedliche Ergebnisse bringen. Für diejenigen mit viel Erfahrung in magischer Praxis gibt es einen Unterschied, und der kann sowohl in der Vorbereitung als auch dem Zweck liegen, den Geist der Göttin einzuladen.

Eine Göttin „anzurufen", bedeutet, sie herbeizurufen, an sie zu appellieren, häufig mit einer Zauberformel, um mit ihr zu kommunizieren und eine Verbindung aufzubauen. Die Anrufung kann ein Ritual oder eine Gabe beinhalten. Im Grunde laden Sie die Göttin in Ihr Haus und Ihr Leben ein – fast so, als sollte sie in Ihre Schuhe schlüpfen. Den Mond herabzuziehen, ist ein klassisches Beispiel dafür.

Eine Göttin zu „beschwören" bedeutet, Ihren Geist anzuflehen, für einen bestimmten Zweck und ein bestimmtes Ergebnis neben und mit Ihnen zu arbeiten. Stellen Sie sich es mehr zweckgebunden vor, wobei Sie ihr dann danken und sie von ihren Pflichten entbinden können, wenn der Job erledigt ist.

Abhängig von den Umständen und Absichten kann man beides tun. Bedenken Sie jedoch, dass es am besten ist, jeweils nur eine Göttin anzurufen oder zu beschwören; wählen Sie also klug, je nach Ihren Bedürfnissen, Absichten und Gefühlen gegenüber der Göttin.

Lassen Sie uns das Reich der Göttin erkunden. Beim Beginn der Reise denken Sie daran,

- ᕽ *Ihre innere Göttin zu ehren – und die innere Göttin der anderen.*
- ᕽ *die Göttin, die Sie gewählt haben oder die Sie auserwählt hat, mit Gaben und Dankbar zu ehren.*
- ᕽ *die Erde als Göttin der Natur und den Mond als Muttergöttin zu ehren.*
- ᕽ *an Ihre göttliche Macht zu glauben.*

Eos, die griechische Göttin der Morgenröte

Göttinnen der Liebe und Schönheit

Die Göttinnen, die man wegen ihrer Liebe und Schönheit verehrte, waren außergewöhnliche Wesen, die Selbstvertrauen, Unabhängigkeit und ein Bewusstsein für ihre Sexualität und Sinnlichkeit sowie große Leidenschaft und Stolz besaßen. Ihre Schönheit strahlt gewissermaßen aus ihrem Inneren und ist Spiegelbild ihrer Umgebung. Sie können uns viele Dinge lehren – nicht nur über körperliche Schönheit, denn die liegt im Auge des Betrachters. Sie waren auch unermüdliche Beschützerinnen, zuverlässige Vertraute und würdige Partnerinnen mit starken Persönlichkeiten.

Mit ihrer schieren Anwesenheit können sie uns helfen, uns körperlich, geistig und seelisch jung, schön und hoffnungsfroh zu fühlen – mit Leichtigkeit und Zuversicht, die diese Eigenschaften mit sich bringen. Sie versprechen die nie enden wollende Freude an Romantik und Liebe und geben uns die Stärke, eine Niederlage zu verkraften. Sie helfen uns, den unabhängigen Geist zu stärken und unsere Absichten zu ehren. Verwöhnen Sie Ihre innere Göttin, so wie Sie gerne verwöhnt würden. Sie ist zwar ausgesprochen weiblich, doch ihr Geist ist entschlossen und mutig.

Sie sind sich ihres Platzes in der Welt und ihres Einflusses auf diese sicher, also sollten Sie sich nicht scheuen, ihre Hilfe und Anleitung zu suchen.

FEIERN SIE DIE GÖTTIN

Freuen Sie sich über neue Freundschaften und feiern Sie die Göttin. Ehren Sie ihren Feiertag, arbeiten Sie mit ihren Symbolen, oder noch besser, schätzen Sie ihren Gesichtspunkt mit diesen Tipps und Fakten.

Eos (griechisch) / Aurora (römisch) / Tesana (etruskisch), Seite 25

Diese griechische Göttin erscheint in der Literatur öfter als alle anderen. Lesen Sie die Geschichten! Stehen Sie früh auf und genießen Sie die Schönheit der Morgenröte.

Freya (nordisch), Seite 26

Freya liebte Schmuck, insbesondere ihr Lieblingshalsband Brisingamen, das von Zwergen gefertigt und ihr geschenkt wurde. Tragen Sie ihren schönsten Schmuck, wenn Sie mit Freya arbeiten.

Hebe (griechisch) / Juventas (römisch), Seite 27

Hebes Kelch, mit dem Sie den Göttern Nektar darbot, war außerordentlich schön verziert. Stauben Sie Ihr bestes Porzellan ab oder ein anderes hübsches Gefäß für den nächsten Umtrunk mit Hebe.

Inanna (sumerisch/mesopotamisch), Seite 28

Sie ist eng verbunden mit dem Morgen- und dem Abendstern; schwelgen Sie in ihrer Schönheit, wenn sie Inannas Gesellschaft suchen.

Venus (römisch) / Aphrodite (griechisch), Seite 29

Der 12. August ist der Tag, um Venus zu ehren; der vierte Tag jedes Monats ist der Aphrodite geweiht; bringen Sie ihre Opfer entsprechend dar.

Liegt Schönheit in der Luft, erkennen wir ihren Duft ...
denn die Liebe folgt nach, jeder Atemzug ist ein Geschenk der Göttin.

Unfähig, deinem Gesicht zu widerstehen, Göttin der Freude, du
besingst die Schönheit rund um dich; spiegelst Hoffnung und Licht.

Wenn Leidenschaft sich regt, Romantik blüht, zögere nicht, direkt in
die Arme der Göttin der Liebe zu fallen – ihre Schönheit lockt alle an.

EOS (GRIECHISCH) / AURORA (RÖMISCH) / TESANA (ETRUSKISCH)

Als Schwester des Sonnengottes Helios und der Mondgöttin Selene lässt uns Eos – Titanin der Morgenröte – ihre Anwesenheit jeden Tag spüren. Sie strahlt erhabene Schönheit aus, voll heller Möglichkeiten. Als Mutter der Winde und des Abendsterns verkörpert Eos Sexualität, Fruchtbarkeit, Jugend, Schönheit Hoffnung und Leidenschaft. Sie ist die geborene Führerin – sie treibt die Sonne von der Nacht zum Tag, indem sie in ihrem goldenen, von geflügelten Pferden gezogenen Wagen über den Himmel fährt. Hüte dich vor ihrem beharrlichen Verlangen nach neuen Beziehungen – Hinweise auf Unzufriedenheit und Unwissenheit darüber, was sie glücklich macht.

Rufen Sie Eos an, um Sie in Romantik- und Fruchtbarkeitsbelangen zu unterstützen. Suchen Sie ihre Gesellschaft, wenn die Hoffnung erlischt und Dunkelheit beginnt, ihren Geist einzutrüben.

KRÄFTE
Eos bringt jeden Tag das Licht – und kündigt neue, vielfältige Chancen an. Sie besitzt tiefe Weisheit und die Fähigkeit, böse Geister zu vertreiben. Wenn Sie mit ihr arbeiten, seien Sie ehrlich in Beziehungen und mit sich selbst.

OPFERGABEN
Safran ist ihr heilig und ihre Gewänder wurden damit gefärbt; man beschreibt sie als die rosigen Finger der Morgendämmerung – sie liebt Kristalle und Kerzen in den damit verbunden Farben: Pink/Rosa, Orange/Pfirsichfarben, Blau/Lavendel, Gelb/Gold.

FREYA (NORDISCH)

Freya, deren Name „Herrin" bedeutet, war keine gewöhnliche Göttin, sondern hatte im Reich der Götter eine bedeutende und mächtige Stellung. Sie wurde ob Ihrer Schönheit verehrt und ist unter anderem die Göttin der Liebe, des Reichtums, der Fruchtbarkeit und des Krieges sowie Lehrerin der Magie und des wertvollen Wissens über die Runen. Hier konzentrieren wir uns auf sie als Göttin der Liebe. Sie ist verheiratet mit Óðr, der häufig im Krieg oder anderen königlichen Angelegenheiten unterwegs ist und Freya für sich selbst sorgen lässt. Ihre außerordentliche Schönheit zieht viel Aufmerksamkeit auf sich, und Treue ist ihre Sache nicht. Als Göttin der Liebe genießt Freya auch die sexuelle Liebe und teilt sie bereitwillig; sie schläft sogar mit vier Zwergen, um ihr Lieblingsschmuckstück, eine wunderschöne Bernsteinkette, zu bekommen. Freya liebt es auch, zu reisen, und ist dafür gut ausgerüstet; sie kann zwischen einem von Katzen gezogenen Wagen, einem magischen Federmantel, mit dem sie unsichtbar über den Himmel fliegen kann, und einem wilden Eber wählen.

Lassen Sie sich von Freya inspirieren, wenn Sie Ihren Kurs festlegen, und stehen Sie zu dem, was Sie sind. Rufen Sie Freya bei Ihren Zaubersprüchen an, sie ist eine eifrige Lehrerin und wird Ihnen den Weg weisen.

KRÄFTE

Freyas sexuelle Gefälligkeiten verliehen ihr Verhandlungsmacht – und sie war eine Frau, die wusste, was sie wollte, und sich nicht scheute, es auch durchzusetzen. Die Beherrschung der Magie, die sie frei lehrte, erlaubte ihr, auch das Schicksal anderer zu beeinflussen, wofür sie höchst geachtet wurde. Ihr unabhängiger Geist half ihr, ihren eigenen Weg zu beschreiten.

OPFERGABEN

Schmuck, insbesondere Bernstein, ist ein willkommenes Geschenk für Freya, ebenso wie Honig, Blumen – vor allem Rosen –, Erdbeeren und alles, was mit Katzen zu tun hat. Gegenstände, die in Verbindung mit dem Reisen stehen wie Landkarten sowie Federn, um den Altar zu schmücken, sind ebenfalls willkommen. Runensteine, mit denen man Freya ansprechen kann, sind ebenfalls eine gute Idee.

HEBE (GRIECHISCH) / JUVENTAS (RÖMISCH)

Hebe, die Göttin der Jugend, gehört zu den Schönsten unter den Göttinnen. Obwohl leicht zu erkennen ist, warum man sich in sie verliebt, ist es ihre berühmte Gabe, die Jugend wieder zurückzugeben – wobei man glaubte, so alle Sorgen los zu sein –, die andere dazu veranlasste, sie um dieses große Geschenk anzurufen. Sie diente auch den olympischen Göttern als Mundschenk, wobei sie ihnen Nektar und Ambrosia nach Belieben offerierte.

Rufen Sie Hebe an, wenn ein jugendlicher Blick Ihnen eine neue Perspektive geben könnte. Die Jugend ist ein Geisteszustand, dessen man sich mit der Weisheit des Alters bedienen sollte.

KRÄFTE

Hebes größte Macht bestand darin, den Alten ewige Jugend und Schönheit zurückzugeben. Manchmal musste sie überzeugt werden, dass die Bitte es wert sei, gewährt zu werden, was beweist, dass sie weiser war, als ihr Alter vermuten ließe.

OPFERGABEN

Legen Sie Ihre Gaben in einen Becher, der das geeignete Gefäß für die Göttin ist. Mit Wein (Nektar) und Süßigkeiten (Ambrosia) ist ihre Gunst zu erlangen. Frische Blumen auf dem Altar sind ebenso eine schöne Möglichkeit, ihre Jugend und Schönheit zu ehren, wie Parfums.

INANNA (SUMERISCH/MESOPOTAMISCH)

Eine der ältesten überlieferten Göttinnen, die mächtige Inanna, die sich von der einfachen Göttin der Vegetation zur Göttin des Himmels hocharbeitete, herrschte über Schönheit, Liebe, Fruchtbarkeit und Krieg. Später wurde sie bekannt unter dem Namen Ishtar und wurde unter anderem auch mit Diana/Artemis und Aphrodite gleichgesetzt. Ihr aufreizendes Wesen inspirierte viele Erzählungen über ihre sexuellen Fähigkeiten, und sie war in der Liebe ebenso leidenschaftlich wie im Krieg – einem weiteren ihrer erhabenen Herrschaftsbereiche.

In ihrem Streben nach Macht, nutzte Inanna ihre weiblichen Reize voll aus, um die Gaben der Künste, Musik und Weisheit des Gottes Enki zu stehlen, die sie dann zur Bildung und Kultivierung der Stadt Uruk, die unter ihrem Schutz stand, einsetzte. Häufig wird sie von einem Löwen begleitet, der für mutigen Geist und entschlossenen Loyalität steht.

Mit Ihrer Fähigkeit, ebenso gut mit den typisch weiblichen Aspekte der Liebe wie mit dem männlichen Bereich des Krieges umzugehen, stellte sie ein komplexes Wesen dar und ist heute Spiegelbild der unabhängigen Frau.

Rufen Sie Inanna bei allen Aspekten von Liebe und Familie an, bei denen Ihnen die Kombination aus Herz und Verstand von Nutzen ist.

KRÄFTE

Inannas Kräfte sind breit gefächert und mächtig. Ihre Schönheit und ihr Charme machen es leicht, sie kennenzulernen, und ihre Kriegskunst macht es schwer, sie zu vergessen. Ihr Mut kann inspirieren und ihre Unabhängigkeit zum Handeln anregen. Sie kann die Sehnsucht in uns wecken, die man für die Fruchtbarkeit in allen Bereichen braucht, und lässt Samen keimen und Früchte tragen.

OPFERGABEN

Bieten Sie Inanna einen schön geschmückten Altar, auf den Sie Feigen, Äpfel, Wein, Lapislazuli und Süßigkeiten legen. Weihen Sie Ihre Gabe mit Musik. Legen Sie Samen in einer Schale auf den Altar für Fruchtbarkeit und Wachstum, ob nun Kinder, Pflanzen, Ideen oder etwas anderes sich entfalten soll. Legen Sie ihr zu Ehren einen Gemüsegarten an oder pflanzen sie Kräuter in einem Topf – etwa Petersilie für Fruchtbarkeit oder Thymian für Mut. Die Tarotkarte „Herrscherin" eignet sich besonders für die Arbeit mit dieser Göttin.

VENUS (RÖMISCH) / APHRODITE (GRIECHISCH)

Venus, Aphrodite für die Griechen, war die römische Göttin der leidenschaftlichen Liebe, der Sexualität, der Schönheit, des Überflusses, der Fruchtbarkeit – und der Verführung. Man sagt, sie sei aus dem Meer geboren, deshalb ist Wasser ein mächtiges Element und Symbol für sie und unsere weibliche Seite, die in uns allen steckt. Wasser ist lebensspendend und nährend, bietet Emotion und Fluidität und beruhigt die Intuition. Venus ist verheiratet mit Vulkan, dem sie keine Kinder gebar, doch ihre Fruchtbarkeit wurde bezeugt durch zahlreiche Kinder von verschiedenen Liebhabern – sowohl göttlichen als auch menschlichen –, die ihren Verlockungen nicht widerstehen konnten. Sie war tatsächlich so schön, dass man sagt, niemand könne ihr widerstehen. Ein engelhaftes Gesicht verbarg ihre leidenschaftliche Seele. Sie steht für Vergnügen in all seinen Formen und ist bestrebt, uns zu helfen, alle Erfahrungen zu machen, die das Leben bereithält. Venus wird im April geehrt, wenn die fruchtbare Erde erwacht und erblüht.

Rufen Sie Venus an, wenn Sie leidenschaftliche Liebe in Ihrer Beziehung entfachen oder neu auflodern lassen oder Ihre brennende innere Leidenschaft nähren wollen. Eifern Sie ihrer Sinnlichkeit und ihrem Charme nach. Lassen Sie sich von ihr leiten, um Ihr Bestes zu geben, und vertrauen Sie ihr, dass sie Ihre bezaubernde Schönheit der Welt offenbart, um das anzuziehen, was Sie sich wünschen.

KRÄFTE

Durch die Zeiten war Venus Göttin für vieles, doch für Leidenschaft – für die Liebe, die Fähigkeit, Geliebte anzuziehen, und für das Leben – wird sie am meisten gefeiert. Und als verbündete Kraft konnte Venus die wildesten Tiere zähmen. Sie hat die Macht über die Natur und strahlt als der hellste Stern am Himmel. Aus dem Meer geboren, ist sie auch die verehrte Beschützerin der Seeleute. Ihr Charme und ihre Verführungskräfte sind Legende.

OPFERGABEN

Als Göttin von großer Schönheit möchte Venus mit frischen Blumen, insbesondere Rosen, erfreut werden. Andere bedeutsame Opfergaben sind Muscheln, saisonale Früchte, Honig und alles, was rot – die Farbe der leidenschaftlichen Liebe –ist, wie rote Kerzen oder Granaten. Wenn Sie sich um den Altar gut kümmern, wird das Feuer der Venus in Ihrer Seele weiter brennen.

Fortuna, römische Göttin des Glücks und des Wohlstands

Göttinnen der Ehe, Fruchtbarkeit und Mutterschaft

Die Figur der Muttergöttin wird in zahlreichen Kulturen und Glaubenssystemen verehrt und in der Tradition des Heidentums und der Wicca-Bewegung ist sie ein Aspekt einer Dreifach-Göttin.

Wie die meisten Mütter ist auch sie komplex – zugleich liebend, nährend, weise, furchtsam, unabhängig, resolut und manchmal unvorhersehbar. Sie teilt Eigenschaften und Verantwortlichkeiten mit den Göttinnen der Erde in den Bereichen Fruchtbarkeit, Schöpfung, Wachstum und Überfluss sowie den Göttinnen von Heim und Herd in allen häuslichen Belangen. Sie ist die typische Personifikation der Natur selbst. Und wie überall bei allen Müttern ist ihre Arbeit vielschichtig und endet nie. Sie können sich also auch mit anderen Göttinnen in Verbindung setzen, deren Kräfte mit ihren verbündet sind.

Diese verehrten Göttinnen bieten Hilfe im Bereich der Fruchtbarkeit, mit einer Leichtigkeit, die in allen Lebensbereichen fruchtbringend sein kann, auch bei Kinderwunsch. Sie dienen als Vorbilder für Ehefrauen und Mütter, die man für eine Vielzahl an familiären Bedürfnissen und Umständen in Anspruch nehmen kann. Bedenken Sie, Mütter sind weiser als ihr Alter an Jahren, da sie ihrer Intuition bedingungslos vertrauen.

Wenn Sie die Gesellschaft dieser Göttinnen suchen, arbeiten sie deren Einfluss in Ihr Tagebuch, Ihre Rituale und Zaubersprüche mit ein oder rufen Sie sie einfach an, um geerdet zu bleiben. Opfergaben sind willkommen, doch Mütter lieben vor allem Dank und Anerkennung.

FEIERN SIE DIE GÖTTIN

Freuen Sie sich über neue Freundschaften und feiern Sie die Göttin. Ehren Sie ihren Feiertag, arbeiten Sie mit ihren Symbolen, oder noch besser, würdigen Sie ihren Gesichtspunkt mit diesen Tipps und Fakten.

Getreidemutter (indigen amerikanisch), Seite 35
Das Sabbat-Fest Lammas am 1. August, das erste der drei Sabbats, feiert die frühe Ernte und die Getreidemutter sowie Ceres (siehe unten): Backen Sie Brot und teilen Sie es mit Freunden.

Kybele (phrygisch), Seite 36
Der 25. März ist der Ehrentag von Kybele. Da die Pinie ihr heiliger Baum ist, sollten Sie einen Kranz aus Pinienzapfen auf den Altar legen. Streuen Sie Pinienkerne auf den Salat und danken sie Kybele für ihre Freigiebigkeit.

Danu (keltisch), Seite 38
Das Sabbat-Fest von Beltane am 1. Mai feiert Danu. Der Frühling an seinem Höhepunkt geht in die Fülle des Sommer über. Legen Sie einen Garten zu Ehren Danus an oder versuchen Sie, die Samen neuer Absichten zu pflanzen.

Demeter (griechisch) / Ceres (römisch), Seite 39
Wie bei der Getreidemutter, wird auch Demeter bei Lammas gefeiert; Vom 12.–19. April fanden im antiken Rom die Cerialia zu Ehren von Ceres statt. Setzen Sie zu dieser Zeit ein Zeichen.

Hera (griechisch) / Juno (römisch), Seite 41
Hera wird häufig mit einem Granatapfel in der Hand abgebildet. Streuen Sie dessen Kerne auf einen Salat, genießen Sie den Saft in einem Cocktail oder dekorieren Sie den Tisch mit einer Schüssel voll dieser schönen Früchte.

Isis (ägyptisch), Seite 43
Isis, die oft mit Kuhhörnern auf dem Kopf erscheint, wird zu Frühlingsbeginn rund um den 20. März, wenn die Erde wieder zum Leben erwacht, geehrt. Geben Sie einen Schuss Milch in Ihren Kaffee oder Tee und danken Sie Isis für ihre Weisheit und mächtige Magie.

Mawu (westafrikanisch), Seite 45

Mawu besänftigt den afrikanischen Kontinent, indem sie kühleres Wetter bringt. Sie wird zur Wintersonnenwende (Julfest), meist am 21. Dezember, geehrt. Dies ist eine Zeit für Feiern und Opfergaben – bringen Sie Ihre der Göttin zu Ehren bei Vollmond dar.

Ninhursanga (sumerisch, mesopotamisch), Seite 46

Da Ninhursanga die Göttin der Steine und Felsen ist, ist es angebracht, die Geschichte der „Steinsuppe" zu lesen oder eine Suppe als Opfergabe zu kochen – vielleicht servieren Sie die Steine als Beilage!

Oshun (afrikanisch), Seite 47

Die Zahl Fünf ist Oshun heilig. Indem Sie sie und andere einfache Opfergaben verwenden, beginnen Sie Ihren Tag in ihrem Geiste und tragen so ihre Energie in sich, wenn Sie Ihre Träume festlegen: Schneiden Sie eine Orange in fünf Teile, bestäuben Sie Ihren Toast mit Zimt und träufeln Sie ein wenig Honig in Ihren Tee. Sprechen Sie ihr stillen Dank aus für ihre sanfte Führung und genießen Sie das Frühstück für eine Göttin.

Selene (griechisch) / Luna (römisch), Seite 48

Selene wird bei Vollmond verehrt. Ihre Farbe ist Weiß und ihr Ehrentag ist Montag (Mond-Tag). Stellen Sie jeden Montag eine Vase mit frischen weißen Blumen in Ihrem Heim auf, wenn Sie die Gesellschaft von Selene suchen.

Dreifach-Göttin, Seite 50

Denken Sie über die Botschaft der Tarotkarte „drei Kelche" nach, um dieser komplexen Göttin näher zu kommen. Feiern Sie die Generationen Ihrer Familie in den drei Altersstufen.

Yemaya (afrikanisch), Seite 52

Wenn Sie gerne am Strand sind, fühlen Sie vielleicht eine besondere Verbindung zu dieser Wassergöttin, sobald Sie in ihren Armen schwimmen. Auch die Wasserzeichen Krebs, Skorpion und Fische sind offen für ihre Botschaften. Ein Salat aus frischen Wassermelonen wäre ein großartiges Essen, um die Gaben und die Anwesenheit der Göttin in Ihrem Leben zu feiern.

Oh lebenspendende Muttergöttin,
in Dankbarkeit verneige ich mich vor dir.

Die Arme ausgestreckt, um dich zu ehren,
das Lob zu singen, auf alles, was du schaffst.

Ich erbitte deinen Segen für mein Leben,
auf dass ich liebe, mich verehliche – des Leben Atem spüre

in den Plänen, die wir heute schmieden,
um Furcht und Zank und Zweifel abzuwehren,

zu sehen, wie der Kreis von vorn beginnt:
wertvolles Geschenk aus deinen Händen.

Erhebe meine Seele, zu ernten, was du am Wege wachsen lässt,
erleuchte ihn, sodass ich die reifen Früchte finde.

GETREIDEMUTTER (INDIGEN AMERIKANISCH)

Wie alle Göttinnen beeinflusst die Getreidemutter viele Bereiche: Fruchtbarkeit, Kinder, Überfluss, Heilung, Schicksal und vieles mehr, und es gibt zahlreiche Geschichten über sie. Die Indigenen Amerikas schreiben ihr zu, die erste Frau gewesen zu sein und den Mais mit seiner lebenserhaltenden Nahrhaftigkeit und der Symbolik des heiligen Wissens geboren zu haben. Vor ihrem Tod gab die Getreidemutter ihr Wissen über den Anbau und die Bewirtschaftung von Mais an ihre beiden Söhne weiter – dazu gehörte auch, dass sie ihren Körper durch ein Feld schleppten, sodass Mais auf ihrer Spur wuchs (eine Geschichte für ein anderes Mal) –, so erscheint ihr Vermächtnis jedes Jahr mit der Ernte neu. Als Muttersymbol und Göttin der Fruchtbarkeit und des Überflusses kennt man sie in vielen Kulturen und Götterhimmeln, wie zum Beispiel als Demeter oder Ceres.

Rufen Sie die Getreidemutter an, auf dass sie Sie auf jede Art nährt, die Ihnen Halt gibt.

KRÄFTE

Die selbstlose Liebe der Getreidemutter bietet Nahrung und Anerkennung. Sie ist die Mutter, die wir alle kennen, die uns als Zeichen ihrer Fürsorge und Zuneigung ständig füttert. Bereitwillig teilt sie alles, was sie besitzt, einschließlich ihrer Weisheit, sodass wir ein produktives Leben führten können.

OPFERGABEN

Getreide – in all seinen Formen. Kanalisieren Sie mit einer getrockneten Ähre auf dem Altar die schützende Energie der Getreidemutter. Strohpuppen sind sehr beliebt. Füllen Sie einen Kessel mit sauberer Erde und streuen Sie als Geschenk für die Göttin ein paar Körner darauf. Reines Wasser und Sonnenlicht sind ebenfalls willkommen, sie nähren das Korn und bringen es zu voller Entfaltung.

KYBELE (PHRYGISCH)

Diese uralte Göttin, deren Ursprung im antiken Phrygien liegt, wurde von den Römern als Magna Mater oder Große Mutter bezeichnet. Diese universelle Mutterfigur ist verantwortlich, alle Tiere auf die Welt zu bringen, für die Natur und die Menschheit. Sie wird oft sitzend in einem Wagen dargestellt, der von zwei Löwen gezogen wird – ein Symbol ihrer Schutzkräfte oder vielleicht auch für ihre grimmige Persönlichkeit. Eine andere Legende erzählt von einem Ursprung als Waldhexe, die nach der Geburt im Wald ausgesetzt und von zwei Löwen aufgezogen wurde. Im Gegensatz zu anderen Göttinnen ihrer Zeit wurde sie von einer Gruppe von Priestern, den Galli, beschützt, unter denen sich auch kastrierte Eunuchen befanden.

Die Sage erzählt, Kybele habe sich in Attis, einen schönen, jungen Hirten verliebt, der jedoch eine andere zur Frau nahm. Kybele, rasend vor

Eifersucht, unterbrach die Hochzeit, trieb Attis in den Wahnsinn und in den Wald hinaus, wo man ihn in der Nähe einer Pinie tot (selbstkastriert) auffand. Auf der Stelle von Reue erfüllt, flehte sie Zeus an, der verfügte, Kybele könne ihn wieder zum Leben erwecken, und der die Pinie für heilig erklärte.

Arbeite mit Kybele für das Göttliche, Weibliche und alle Belange, die mit Kindern, Heilung und weiblicher Intuition zu tun haben – aber hüte dich vor ihren eifersüchtigen Neigungen.

KRÄFTE
Kybele ist mit ihren Kräften die komplexeste Mutter, die man sich vorstellen kann! Sie ist zuständig für Heilung, Schutz, Geburt und Mutterschaft und den gesamten Zyklus von Leben, Tod und Wiedergeburt. Kybeles Weisheit und Mitgefühl kann in Zeiten von Freude wie Trauer von großem Einfluss sein. Sie ist eine geduldige Lehrerin und entschlossene Beschützerin.

OPFERGABEN
Musik – vor allem von Zimbeln und Trommeln –, Honig, Früchte, Rosen, Pinienzapfen, Pinienöl, natürliche Kristalle oder Steine sowie andere Elemente der Erde sind sinnvolle Opfergaben für Kybele.

DANU (KELTISCH)

Danu, deren Name „Fließen" bedeutet, ist die große Muttergöttin und Dreifach-Gottheit in der antiken irischen Tradition. Sie ist die Mutter aller irischen Götter, des Volkes und der Feenwelt. Sie stammt ab von den Tuatha Dé Danann, dem Volk der Danu – einer versprengten Gruppe von magischen Wesen aus dem Jenseits, die sie vereinte und zu großem Geschick und Stärke erzog. Als Erdgöttin des Landes und des Wassers beeinflusst Danu Fruchtbarkeit, Großzügigkeit, Weisheit, Wind und Flüsse – und soll der schönen Donau ihren Namen gegeben haben.

Für mächtige, schöpferische Weisheit rufen Sie Danu in einer Vollmondnacht an; oder bei Neumond, wenn Sie einen Neuanfang wünschen.

KRÄFTE

Danu bringt uns den Trost, die Liebe und die Anerkennung einer Mutter; die Verbindung mit der Erde; die Weisheit der Erfahrung; die Gnade von Mutterschaft und Ernte und die heilenden, beruhigenden Kräfte des Wassers. Ihre Führungskräfte und ihre natürliche Neigung zu lehren sind der Schlüssel für das Überleben der Tuatha Dé Danann. Vor welchen Herausforderung sie auch immer steht, Danu wird nie einen Rückzieher machen oder aufgeben.

OPFERGABEN

Steine, insbesondere Flusssteine, Wassergaben oder alles, was blau ist – die Farbe des Wassers –, Blumen, Äpfel und alle Gaben der Erde werden Danu gefallen.

DEMETER (GRIECHISCH) / CERES (RÖMISCH)

Als Göttin der Fruchtbarkeit in der Landwirtschaft und der Ernte ist Demeter auch verantwortlich für Recht und Ordnung (hergeleitet aus der Zeit des Übergangs zur bäuerlichen Gesellschaft mit bestimmten Lebens- und Ackerflächen) und setzt sich für Frauen, Ehe und Gesundheit ein. Sie bestimmt die Jahreszeiten – Geburt, Tod und Wiederauferstehung. Passenderweise verleiht Ceres Cerealien ihren Namen, von den Körnern bis zur Ernte. Manchmal wird Demeter als eine andere Form der Getreidemutter betrachtet, denn man schreibt ihr zu, den Menschen zu lehren, wie man Land bearbeitet und Getreideernten wachsen lässt und erntet.

Demeters Tochter, Persephone, wurde von Hades in die Unterwelt entführt, damit sie seine Frau werde. Ihr Verschwinden sorgte bei Demeter für großes Leid, sodass sie ihre Göttinnenpflichten vergaß. Ernten und Menschen litten, doch Demeter blieb in Trauer. Zeus überzeugte schlussendlich Hades, Persephone wieder zu entlassen – jedoch nicht ohne Kompromisse: Sie konnte für einen Teil des Jahres wieder auf die Erde zurückkehren (Frühling, Sommer und Herbst), musste jedoch die restliche Zeit (Winter) mit Hades in der Unterwelt verbringen. Demeter wird im Frühling bei Persephones Rückkehr verehrt und nochmals im Herbst, wenn sie sich wieder verabschiedet.

Rufen Sie Demeter an wegen ihrer Fähigkeit, Leiden zu lindern, ihres Wissens um gute Ernten, ihrer unsterblichen Mutterliebe und wenn der Wechsel der Jahreszeiten Stimmungen mit sich bringt, die Sie gerne ändern würden. Sie kann Ihnen auch dabei helfen, wieder etwas Recht und Ordnung in Ihr Leben zu bringen, wenn dieses außer Kontrolle zu geraten scheint, und Sie bei der Suche nach verlorenen, wertvollen Dingen unterstützen.

KRÄFTE

Demeters Kräfte liegen in der Erzeugung von Überfluss, insbesondere bei der Ernte, indem sie Fruchtbarkeit und Ausdauer gewährt, damit angebaute Feldfrüchte wachsen und gedeihen. Sie ist Herrin der Jahreszeiten und des Wetters. Demeter kann auch ihre Erscheinung verändern, sodass sie sich jeder Situation zu ihrem Vorteil anpassen kann. Und als Bewohnerin des Olymp besitzt sie die Macht, zu segnen und zu verdammen, je nach dem, wie sie sich jemandem gegenüber in dem Augenblick fühlt!

OPFERGABEN

Ihre heiligen Pflanzen sind Mais, Weizen und Kürbis. Brot ist eine einfache Gabe. Demeter wird häufig mit einer Fackel abgebildet, um Licht für die Suche nach Persephone zu haben, deshalb bedeuten ihr Kerzen in erdigen Farben viel. Sie wird jedoch alle Blumen als Opfergaben zurückweisen, da ihre Tochter gerade dabei war, welche zu pflücken, als sie entführt wurde.

HERA (GRIECHISCH) / JUNO (RÖMISCH)

Als Frau des Zeus und Königin des Olymp repräsentierte die schöne Hera das weibliche Ideal. Sie war Göttin der Ehe, Geburt und Familie, hatte aber eine fiese, eifersüchtige Seite. Sie regierte auch über Himmel und Sterne.

Obwohl ihr Mann untreu war, blieb sie ihm treu und wurde zum Symbol der wahren Treue (wie auch der rachsüchtigen, betrogenen Frau). Bei einer Verschwörung zum Mord an Zeus stahl sie ihm seinen Blitz (!). Das Komplott misslang, also wandte sie ihren Zorn gegen seine vielen Geliebten. Unter Heras Zielen befand sich auch die Nymphe Callisto (bedeutet „die Schönste"), die Zeus einen Sohn gebar. Hera verwandelte Callisto in eine Bärin, die von der Göttin Artemis gejagt wurde. Als Zeus bemerkte, was da vor sich ging, intervenierte er und verwandelte sie in das Sternbild Ursa Major und setzte seinen Sohn als Ursa Minor in den Himmel.

Ihr römisches Gegenstück war Juno, die ebenfalls für eheliche Treue und nährende Sorge um die Familie verehrt wurde. Sie besaß jedoch nicht die eifersüchtigen Eigenschaften, für die Hera so berühmt war. Sie verlieh dem Monat Juni ihren Namen, deshalb ist er ein bevorzugter Monat für Hochzeiten.

Rufen Sie Hera an für alle Belange in Familienangelegenheiten, bei Wunsch nach Kindern oder Verehelichung.

KRÄFTE

Als Göttin der Frauen und der Ehe hat Hera die Macht, eine Vereinigung zu segnen oder zu verfluchen. Als Beschützerin von Frauen und Kindern wird Hera oft angerufen, um bei der Geburt zu helfen, aber ihre Kräfte können auch die Gesundheit im Allgemeinen schützen. Ihre Kraft als Göttin der ewigen Jugend kann herbeigewünscht werden, wenn man meint, die eigene Schönheit würde fehlen, denn sie kann auch helfen, den Selbstwert zu steigern. Unter Druck ist sie stark und kann Sie nach Wunsch mit blauem Himmel und Weisheit belohnen.

OPFERGABEN

Passende Opfergaben für Hera sind unter anderem Granatäpfel als Symbol der Fruchtbarkeit, Granatapfelkerne, Pfauenfedern (Imitationen, natürlich!), denn der Pfau ist ihr heilig, Lilien als heilige Blumen oder jede andere weiße Blume. Zünden Sie ihr zu Ehren eine weiße Kerze an.

ISIS (ÄGYPTISCH)

Isis, deren Name „Frau auf dem Thron" bedeutet, auch bekannt als Frau mit den zehntausend Namen, war eine außerordentliche Göttin. Sie war die Göttin des Mondes, der Ehe, der Mütter, der Fruchtbarkeit und der Magie. Sie war auch Heilerin und Lehrerin und als ihre Beliebtheit und Ihr Einfluss wuchsen, übernahm sie zudem die Aufgaben anderer Göttinnen.

Isis erreichte die höchste Macht, indem sie den Sonnengott Ra austrickste und er ihr das geheime Passwort verriet, mit dem er die Macht über Leben und Tod in Händen hielt. Sie war Schwester und Ehefrau des Osiris und Mutter des Horus. Isis und Osiris herrschten gemeinsam über die Götter, bis ein eifersüchtiger Bruder ihn ermordete. Unfähig, den Verlust zu ertragen, benütze sie ihre Zauberkräfte und holte Osiris ins Leben zurück und machte ihn sogar unsterblich. Isis steht in enger Verbindung mit den Nilüberflutungen, die durch den unhaltbaren Tränenstrom über Osiris' Tod hervorgerufen worden waren und das Gebiet so fruchtbar machten. Außerdem symbolisierte sie die Wiedergeburt.

Rufen Sie Isis an, wenn sie Hilfe bei der Lösung von Problemen brauchen, die unüberwindbar scheinen – sodass Sie die Oberhand behalten. Beschwören Sie sie für die Freuden der Mutterschaft, wenn Probleme mit der Fruchtbarkeit auftauchen. Suchen Sie ihren Rat beim Aufziehen der Kinder und eifern Sie ihrer Loyalität als Ehefrau und Mutter nach.

KRÄFTE

Isis war durchaus ehrgeizig und wurde als außerordentlich gute Mutter und loyale Ehefrau verehrt. Sie hat keine Angst, mutig zu lieben und tiefe Gefühle zu zeigen. Ihre Großzügigkeit ist legendär, so wie ihre Bereitschaft, alles zu tun, um zu bekommen, was sie will. Durch ihre Kräfte der überzeugenden Rede erschlich sie sich das heilige Geheimnis über Leben und Tod.

OPFERGABEN

Milch, Honig und Blumen sind die traditionellen Opfergaben für Isis. Auch ein gesprochenes Dankgebet ist ein wirkmächtiges Geschenk.

MAWU (WESTAFRIKANISCH)

Mawu, Göttin der Mutter Erde, spiegelt sowohl die Sonne als auch den Mond wider. Sie ist Schöpferin allen Lebens, das sie aus Lehm und Wasser erschafft. Sie regt Leidenschaft, kreative Energie, Geburt und Überfluss an und gibt den Schwangeren Hoffnung.

Rufen Sie Mawu an, wenn sie Hilfe brauchen, um neue Ideen zu gebären, oder wenn sich die Last, die Sie tragen, zu schwer anfühlt, um sie allein zu bewältigen. Wenn Sie spüren, dass Ihre weiblichen Energien etwas beiseite geschoben werden, kann Mawu sie wieder auf die Reihe bringen. Mawu zu beschwören, wenn man in sich ruht und geerdet ist, wird das Vertrauen in Ihre Überzeugungen wiederherstellen.

KRÄFTE

Mawu bietet Ihnen Lektionen, wie man mit der Natur in Harmonie lebt und dabei die erwartungsvollen Freuden, die das Leben bringt, genießt. Sie ist nährend, erdend und der Inbegriff der Mutterliebe. Kreativität und ihr lebenspendender Geist sind der Ursprung ihrer Kräfte. Der Aspekt der Mondgöttin verleiht ihr die ausgeprägte Intuition. Man sagt, Mawus Augen seien der Mond und dass sie mit ihnen in die Seelen schauen kann.

OPFERGABEN

Sich zu Ehren von Mawu um die Erde zu kümmern, auch nur um Ihr kleines Stückchen davon, ist ein Geschenk von großem Wert. Rufen Sie ihr zu Ehren Ihre Mutter an. Geschenke, die aus der Erde kommen, wie Nahrung, Kristalle, Wasser, Lehm, Blumen und Pflanzen, sind willkommene Opfergaben.

NINHURSANGA (SUMERISCH, MESOPOTAMISCH)

Eine andere Muttergöttin, von der man glaubte, sie habe alles aus Lehm geschaffen – Tiere, Götter und Sterbliche –, war Ninhursanga, die „Herrscherin der Berge", unter anderen auch bekannt unter den Namen Nintur und Nintud. Sie ist die Göttin der Schwangerschaft und Geburt und die Hebamme der Götter – sie beschützt die Kinder vor und nach der Geburt, indem sie deren Nahrungsquelle ist. So wie die anderen Muttergöttinnen besitzt auch sie die Kraft des Heilens, die sie auch benützte, um ihre große Liebe Enki, den Gott der Weisheit, zu heilen, den sie davor (aus plötzlichem Mangel an Weisheit) verfluchte, weil er die eigenen Töchter verführte und alle Pflanzen aufaß. Sie vergibt ihm aber und heilt ihn, indem sie seine Schmerzen in sich aufnimmt, was zur Geburt von acht neuen Gottheiten als Geschenk für die Menschheit führt und ihr die höchste Stellung als Lebensspenderin und Beschützerin vor dem Tod einbringt.

Rufen Sie Ninhursanga an, wenn Sie Vertrauen in Ihre eigenen Kräfte spüren wollen oder wenn Sie Zeit und Anleitung brauchen, um Ideen wachsen und sich verändern zu lassen, bevor sie definitiv in Aktion treten. So wie alle Muttergöttinnen kann sie auch bei Problemen mit der Fruchtbarkeit in all ihren Formen hilfreich sein oder in Familienangelegenheiten. Treten Sie in Kontakt mit ihr, um die Kräfte von Mutter Natur und die stimmungshebenden Vorteile zu spüren, wenn sie sich ihrer Seele annimmt. Suchen Sie ihre Hand, um Sie über felsigen Boden zu führen, wörtlich oder emotional.

KRÄFTE

Als Muttergöttin regierte Ninhursanga mit der Macht, Leben zu spenden, und der erneuernden Kraft der Mutterliebe über die Schöpfung. Sie war auch die Göttin der felsigen Gebiete und konnte mit ihren Kräften helfen, die Gefühle im Gleichgewicht zu halten. Ihr Heilkräfte sind die größten.

OPFERGABEN

Opfergaben auf dem Altar, die nähren, darunter Wein, Bier, Obst, Gemüse, Samen und Nüsse, sind angemessen, wenn Sie mit Ninhursanga arbeiten. Akte der Heilung und der Vergebung in ihrem Namen sind ebenfalls sichere Zeichen ihres Segens.

OSHUN (AFRIKANISCH)

Oshun, die wohlwollende Göttin der Reinheit, unsterblichen Liebe und Fruchtbarkeit, ist angeblich die Schwester von Yemaya (siehe Seite 52). Sie ist eine Wasser-Orisha (Göttin) in der Religion der Yoruba und Santeria. Die Legende erzählt, sie sei geboren, um über die Flüsse und andere frische Gewässer zu herrschen, weil es der Welt an dieser liebenden Fürsorge mangele. Wie andere Wasser-Gottheiten besitzt auch Oshun eine heitere, verführerische Seite.

Wegen ihrer Schönheit, verbunden mit einem charmanten, zuvorkommendem Charakter, waren die Götter ständig hinter Oshun her. Eines Tage verfolgte Ogun, ein Kriegsgott, Oshun nachdrücklich. Um ihm zu entkommen, verschwand sie in den Fluten und Yemaya nahm sie unter ihre Fittiche. Von nun an arbeiteten die zwei Göttinnen im Team – Oshun herrschte über das Süßwasser, Yemaya über die Ozeane. Oshun leitet die liebenden, fruchtbaren, sinnlichen Aspekte in Beziehungen, während Yemaya Unterstützung dabei bietet, Leben sicher in diese Welt zu bringen, indem sie die Geburt der Kinder aus diesen Beziehungen unterstützt. Wie es einer der meist verehrten Orisha der Yoruba-Religion gebührt, steht an den Ufern des Flusses im südlichen Nigeria, der ihren Namen, Osun, trägt, ein heiliger Wald, der die verschiedensten Schreine und Sanktuarien zu Oshuns Ehren beherbergt und heute ein Gebiet des UNESCO-Kulturerbes ist.

Rufen Sie Oshun an, wenn das Leben an eine öde Stelle geraten ist, im wörtlichen Sinne, wenn es sich um Fruchtbarkeit und Kinderwunsch handelt, aber auch, wenn es sich um angehende Romanzen, neue Ideen, neue Gewohnheiten, neue Beziehungen im Allgemeinen oder neues Wissen handelt. Suchen Sie ihren ausgleichenden Charme, wenn Stress Sie vielleicht daran hindert, ihre wahren Wünsche zu äußern, oder ein ausgeglichenes Temperament die brodelnden Wasser des Lebens beruhigen soll. Für Ihre treue Liebe wird Oshun sie mit einer Erfolg gekrönten Beziehung belohnen.

KRÄFTE

Oshun hat die Macht, denjenigen, die sich nach Kindern sehnen, Charme und Verführungskünste zu verleihen und Liebe für sie zu entfachen. Die Überfülle an Gewässern, über die sie herrscht, kann Wohlstand in Ihr Leben bringen, aber Ihnen auch ihre ausgleichenden, heilenden Eigenschaften sowie ein Gefühl des Friedens und des Glücks einflößen.

OPFERGABEN

Passend zu Oshuns süßer Persönlichkeit sind Süßigkeiten wie Honig, Orangen, Zimt, süßer Wein und Bonbons angemessene Opfergaben. Frisches Wasser ist ihr heilig und kann sowohl als Gabe als auch in Ritualen oder Zaubersprüchen verwendet werden, um ihren Geist zu beschwören. Auch alles Goldene, der Farbe, die ihre Schönheit widerspiegelt – wie ihre Lieblinge, die Sonnenblumen – machen sie glücklich und zufrieden.

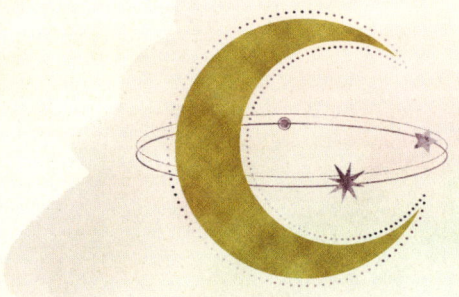

SELENE (GRIECHISCH) / LUNA (RÖMISCH)

Die Titanin Selene, als die Personifikation des Mondes verehrt, regiert über den Nachthimmel und damit verbunden, über die Ehrfurcht gebietende Liebe, die durch den hellen Mond hervorgerufen wird. Sie wird häufig als schöne Frau mit einer Mondsichel auf dem Kopf in einem von Pferden gezogenen Wagen dargestellt, mit dem sie den Mond über den Himmel zieht, um Ihnen zu leuchten. Selene wird oft auch als Vollmond, einem Aspekt der Dreifach-Göttin (siehe Seite 50), neben Artemis (zunehmender Mond) und Hekate (abnehmender Mond) gesehen. Sie wurde sowohl bei Neumond als auch bei Vollmond verehrt und repräsentiert Liebe, Leidenschaft und Licht.

Selene liebte den sterblichen Hirten Endymion so sehr, dass sie den Gedanken, ihn zu verlieren, nicht ertragen konnte. Ihr Wunsch, ihm Unsterblichkeit zu gewähren, wurde mit ewiger Jugend erfüllt – im Schlaf. Selene soll ihn jede Nacht besucht haben, wenn der Mond unterging. Im Schlaf, manche behaupten mit offenen Augen, um seine Geliebte anzubeten, gelang es Endymion, 50 Töchter zu zeugen – die Menai, die Göttinnen der Mondmonate. Wenn man Berichten glauben darf, hatte Selene auch eine Reihe von Kindern mit Zeus und anderen. Ihre Fruchtbarkeit wurde mit der Landwirtschaft und guten Ernten in Verbindung gebracht. Der Kristall Selenit, ein kraftvoller, energetischer Stein mit reinigenden Eigenschaften, verdankt seinen Namen Selene. Dieser Lichtkristall kann Sie durch dunkle Zeiten begleiten und zu geistiger Erneuerung führen.

Rufen Sie Selene an, wenn Sie Ihre Intuition stärken oder wenn Sie alltägliche Probleme besser beleuchtet haben wollen, um klarer zu sehen. Ihre Fähigkeit, Kinder zu gebären, zeigt, dass sie offensichtlich bereit ist, Ihnen bei jedem Vorhaben zu helfen, um es kreativ und erfolgreich zu gestalten. Rufen Sie Selene an, wenn Ihre innere Göttin Auftrieb braucht – eine Fahrt in ihrem Wagen reicht vermutlich aus, um Ihre Leidenschaft zu wecken.

KRÄFTE

Selenes Kräfte sind die des Mondes: Heilung, Intuition, göttliche, weibliche Energie. Ihr leidenschaftlicher Zauber führt zu liebevollen, aber nicht unbedingt dauerhaften Beziehungen. Ihre Veranlagung zur Muttergöttin regiert über Fruchtbarkeit und Familienangelegenheiten. Als Reisende über den Nachthimmel kann sie Ihre Reise erhellend zu einer sicheren Destination begleiten.

OPFERGABEN

Verwenden Sie Mondwasser, um den Altar für Selene zu reinigen. Alles, was weiß, silbern oder ein Symbol für den Mond ist, wird Selene bezaubern. Mondsteine und Selenit sind für die Arbeit mit Selene bestens geeignet.

DREIFACH-GÖTTIN

Eine wichtige Figur im zeitgenössischen Wicca-Glauben und in vielen anderen Kulturen, die Göttinnen verehren, ist die hohe Dreifach-Göttin. Die drei Ausprägungen charakterisieren den weiblichen Durchlauf des Lebenszyklus und werden mit den mystischen Mondphasen assoziiert. Der aufgehende Mond steht für das junge Mädchen. Sie wird zur Erwachsenen mit erfüllter Mutterschaft, gleichgesetzt mit dem Vollmond. Und schlussendlich gelangt sie an das Ende ihres Lebens als weises, leise gefürchtetes und wenig verstandenes altes Weib, das der abnehmende Mond symbolisiert. So endet der Zyklus; er signalisiert das Ende – und doch bereitet er den Neubeginn vor und reflektiert den natürlichen Lebenszyklus, den alle Lebewesen teilen. Sie repräsentiert auch die weibliche Energie und stark intuitive Fähigkeiten.

Jede Phase hat auch die entsprechenden Göttinnen in anderen Kulturen, wie Artemis, die griechische Jungfrau, oder sogar die Jungfrau Maria als die göttliche Mutterfigur im Katholizismus. Auch die Kelten mit Banshee oder die amerikanischen Ureinwohner haben mit der Spinnen-Großmutter eine alte Frau in ihrer Tradition.

Die Dreifach-Göttin ist eine komplexe Philosophie und in anderen Kulturen und antiken Zivilisationen wird sie nicht immer in einer Gottheit als Jungfrau-Mutter-altes Weib dargestellt, sondern als einzelne Göttin, die über die drei Aspekte des Lebens oder der Gesellschaft herrscht – wie Brigid, die Göttin des Feuers, der Heilung und der Poesie –, oder als Gesamtheit, die drei Göttinnen einschließt – wie die Schicksalsgöttinnen oder die irische Morrigan –, doch sie bleibt eine mächtige und verehrte Figur.

Jede Phase der Dreifach-Göttin bietet Möglichkeiten, der Magie Ihrer inneren Göttin Energie zuzuführen – wenn Sie diese an den Mondphasen orientieren, verleihen Sie Ihren Absichten größere Bedeutung und Kraft:

JUNGFRAU: Die Fröhlichkeit des Frühlings und aufkeimende Möglichkeiten; jugendliche Schönheit, Vertrauen, Spontaneität und Enthusiasmus; Kreativität; Unschuld. Rufen Sie sie an, wenn Sie einen Neustart wünschen und die Energien der Jugend Ihnen helfen können, das zu bewerkstelligen. Seien Sie dankbar für die kleinen Freuden im Leben.

MUTTER: Die Erfüllung des Lebens – Überfluss; Lehrerin, Ernährerin; sie stellt etwas dar und flößt Respekt ein; rufen Sie sie an für

Belange der Fruchtbarkeit, Kinderwunsch und Kindererziehung, wenn harte Entscheidungen stetigen Beistand erfordern oder wenn Sie sich selbst mit Autorität durchsetzen müssen. Suchen Sie in ihren Armen bedingungslose Liebe und bedanken Sie sich durch Selbstakzeptanz.

ALTES WEIB: Spiegelt die Lebenserfahrung wider und ist eine einsame Lebensphase, denn sie wird auch wegen des herannahenden Todes gefürchtet. Nützen Sie ihre profunde Weisheit, wenn Sie mit den Mysterien des Lebens konfrontiert sind, und suchen Sie Trost und Unterstützung, wenn das Ende ein unvermeidlicher Teil Ihres Lebens geworden ist – nicht nur Tod, auch Verlust der Arbeit, Ende einer Beziehung, Verlust eines Freundes oder eines Traumes, Altwerden etc. Seien Sie dankbar für den Abschluss eines Zyklus und alles, was er bedeutete, und feiern Sie die Wiedergeburt, die er ermöglicht.

KRÄFTE

Die Kräfte der Dreifach-Göttin liegen in der Komplexität ihrer Persönlichkeit. Sie ist zugleich jung und vertrauensvoll, bietet bedingungslose Liebe und kann dabei helfen, die Mysterien des Lebens aufzuklären. Man kann von jedem Aspekt etwas lernen, wobei die Möglichkeit des lebenslangen Lernens vielleicht ihre größte Stärke ist.

OPFERGABEN

Bringen Sie der Dreifach-Göttin als Einheit Opfergaben dar – Mondsteine sind ein mächtiger Verstärker für die Energie dieser Göttin.

Für die *Jungfrau* könnte man Petersilie für die Freude und alle Frühlingsblumen für Schönheit und Frische sowie Labradorit wegen seiner erhellenden Eigenschaften in Betracht ziehen.

Die *Mutter* schätzt Rosen, Milch und frische Früchte und besonders Rosenquarz für die bedingungslose Liebe.

Für die *Alte* sind Kräuter wie Rosmarin für das Gedächtnis und Salbei für Weisheit als Opfergaben leicht zu bekommen. Amethyst greift auf ihre intuitive Weisheit zu und reiner Quarz kann all die Energien kanalisieren, die Sie aufzunehmen wünschen.

YEMAYA (AFRIKANISCH)

Die wohlmeinende Muttergöttin und Wassergottheit hat ihre Wurzeln in Nigeria, Westafrika, wo sie im Yoruba-Glauben als Mutter aller Orisha oder Gottheiten im Götterhimmel angesehen wird. Yemaya wird als Göttin der Ozeane und Quelle jeden Wassers, besonders des westafrikanischen Flusses Ogun – und somit allen Lebens verehrt. Ihr Einfluss erstreckt sich auch auf Kuba und Brasilien, wo sie auch als Göttin der Ozeane regiert. Yemaya ist eine geheimnisvolle Frau und ihre Energie und ihre Geheimnisse sind so tief wie die Ozeane, über die sie herrscht. Und mit Marie Laveau (siehe Seite 66) wurden die Verehrung und Traditionen von versklavten Afrikanern schon im 16. Jahrhundert nach Amerika gebracht.

Yemaya, deren Name „Mutter, deren Kinder Fische sind" bedeutet, wird häufig als Meerjungfrau dargestellt und ihre Wassernatur steht in Verbindung mit dem Mond und allen Dingen der weiblichen Mystik. Diese mütterliche Göttin herrscht über alles, was Frauen betrifft, insbesondere Schwangerschaft und Geburt. Die Legende erzählt, dass beim Brechen ihrer Fruchtblase große Fluten die ersten Kinder, die sie gebar, weg schwemmten. Da wir alle aus dem Wasser geboren sind, sind wir mit Yemaya verbunden und können ihren Geist in anderen erkennen und erfahren.

Neben der wichtigen Arbeit für Mütter bewacht und beschützt sie auch alles, was im Wasser lebt, arbeitet, reist oder spielt.

Ihre sanfte, fließende Natur glättet, beruhigt und flößt Vertrauen ein und ihre Großzügigkeit ist grenzenlos wie die Ozeane, über die sie herrscht. Sie ruft uns an ihre Ufer, wie die offenen Arme einer Mutter mit dem Versprechen von Sicherheit und Zuneigung winken. Aber wenn sie geärgert oder auf die Probe gestellt wird, kann sie wie alle Gewässer auch destruktiv denen gegenüber sein, die sie bedrohen.

Man sagt, man könne Yemayas Geist mit einer Kürbisrassel oder mit einer Muschel beschwören, in der angeblich ihre Stimme steckt. (Halten Sie eine an Ihr Ohr und sie werden das Flüstern hören.) Rufen Sie Yemayas anmutigen Geist an, wenn es um Fruchtbarkeit, Schwangerschaft und Mutterschaft, sogar um Ehe geht, und vertrauen Sie auf ihre ruhige Stärke, alles zu bekämpfen, was Schaden bedeutet. Bedürfnisse betreffend Geld, Liebe, Freundschaft oder Sicherheit wird sie mit Leichtigkeit erfüllen.

KRÄFTE

Yemayas nährende Kräfte sind am stärksten in der Nähe eines Gewässers zu spüren, aber sie steht Ihnen jederzeit zur Verfügung, wenn Sie ein Wasserelement in Ihre Zauberformel integrieren – und seien es nur Regengeräusche oder das Meeresrauschen. Eine Verbindung mit Yemaya kann helfen, Leiden zu lindern, Selbstliebe zu kultivieren, Fruchtbarkeit zu steigern und Sicherheit in allen Aspekten des Lebens zu geben. Ihre Liebe bringt Hoffnung für alle, die sie erfahren, und fördert ein Gefühl von Harmonie und Frieden.

OPFERGABEN

An Opfergaben für Yemaya mangelt es nicht. Zu den traditionellen Gaben gehört alles, was mit dem Meer oder den Flüssen zu tun hat, von Muscheln über Flusssteine bis zu blauen Perlen oder Kristallen, die das Wasser symbolisieren; auch reines Wasser, Kakao, Kokosnuss, Mais, Schmuck, Melasse, Erdnüsse, Parfum und weiße Blumen; und alle Opfergaben, die in Einheiten von sieben (für die sieben Meere) dargebracht werden.

Amaterasu, die japanische Göttin der Sonne

Göttinnen der Beziehungen, Wahrheit und Vergebung

Gesunde Beziehungen verlangen ein hohes Maß an Mitgefühl, eine beständige Dosis an Wahrheit und einen tiefen Willen zur Vergebung. Die Göttinnen in diesem Kapitel können Sie bei der Entwicklung und Erhaltung erfolgreicher Beziehungen unterstützen. Sie haben wie wir alle gelitten, sich dann für Vergebung und Heilung entschieden, um weiterzugehen. Ihre Weisheit bringt Frieden und Kraft, und ihr Lied ist Harmonie.

Das Konzept der Vergebung war nicht immer so verbreitet wie heute. Man glaubte häufig, das Schicksal würde unser Leben auf der Basis von guten und bösen Taten bestimmen. Sobald Vergebung in einer Gesellschaft Einzug hält, ist sie eine mächtige Verbündete bei der Verbesserung von Beziehungen.

Wahre Freundschaft ist Gold wert. Arbeiten Sie mit dieses Göttinnen, um Ihre Freundschaften zu pflegen, und suchen Sie ihre Gesellschaft, wenn Verlust oder Einsamkeit Sie bedrückt. Seien Sie offen, um das Licht und die Freudenbotschaften zu empfangen, und hören Sie genau auf ihre Worte der Vergebung. Laden Sie sie zu einem Plauderstündchen ein und stoßen Sie mit dem Nektar, den die Göttinnen spenden, auf sie an. Mit ihnen gibt es keinen Leistungsdruck, nur wohltuendes Mitgefühl und Kameradschaft. Genießen Sie die Freundschaft und lernen Sie aus den gegenseitigen Erfahrungen.

FEIERN SIE DIE GÖTTIN

Freuen Sie sich über neue Freundschaften und feiern Sie die Göttin. Ehren Sie ihren Feiertag, arbeiten Sie mit ihren Symbolen, oder noch besser, schätzen Sie ihren Gesichtspunkt mit diesen Tipps und Fakten.

Amaterasu (japanisch), Seite 59

Die Rückkehr der Sonnengöttin in den Himmel wird am 21. Dezember, der Wintersonnenwende, gefeiert. Spiegel sind für Amaterasu heilig. Reinigen Sie alle Spiegel in Ihrem Haus und lassen Sie die wahre Schönheit Ihrer Umgebung erstrahlen – auch Ihr Spiegelbild.

Clementia (römisch) / Eleos (griechisch), Seite 61

Der Olivenzweig und seine Bedeutung als Symbol für Vergebung und Frieden sind Clementia heilig. Besorgen Sie das beste Olivenöl, das Sie bekommen können, und würzen Sie ihr zu Ehren Ihre Speisen damit.

Iris (griechisch), Seite 62

Die Götterbotin Iris hat eine Botschaft für Sie: Kontaktieren Sie alle Freunde und Familienmitglieder, die Sie in letzter Zeit vernachlässigt haben, weil zu beschäftigt waren, und pflegen Sie diese Beziehungen, die Sie in schwierigen Zeiten unterstützen.

Guanyin (chinesisch), Seite 63

Der 19. Tag des zweiten Mondmonats ist Geburts- und Ehrentag von Guanyin, doch die geliebte Göttin des Mitgefühls steht Ihnen 24 Stunden, sieben Tage die Woche zur Verfügung. Stellen Sie ein Glockenspiel für das Mitgefühl auf den Altar und beginnen Sie jeden Tag mit dem Mantra *Om mani padme hum*, das um ihren Segen bittet.

Maat (ägyptisch), Seite 65

Diese weithin verehrte Göttin wurde üblicherweise mit Opfergaben aus Essen, Wein und Räucherwerk gefeiert. Zünden Sie heute Abend beim Essen Ihre Lieblingsduftkerze an und sehen Sie einen Platz am Tisch für Maat vor.

Marie Laveau (amerikanisch), Seite 66

Drei X auf ihre Gruft zu zeichnen, ist ein traditionelles (wenn auch illegales) Ritual, wenn man diese Voodoo-Königin um einen Gefallen bittet oder sich für die gewährte Gunst bedankt; Sie können dies auch einfach in Ihrem Tagebuch oder Zauberbuch tun, wenn Sie Ihre Absichten festlegen und die Ergebnisse bewerten.

Rhiannon (walisisch), Seite 68

Rhiannon wird am 4. März gefeiert. Da sie besonders mit Singvögeln in Verbindung gebracht steht, sollten Sie die Vögel füttern, um sie zu ehren, oder einfach einen Spaziergang in der Natur machen und sehen, wie viele verschiedene Vogelgesänge Sie erkennen.

Veritas (römisch) / Aletheia (griechisch), Seite 70

Veritas stand in der römischen Gesellschaft an erster Stelle, denn Wahrhaftigkeit galt als eine der wichtigsten Eigenschaften. Haben Sie ein wenig Spaß mit Veritas und spielen Sie mit ein paar Freunden „Zwei Wahrheiten und eine Lüge".

Weiße Büffelfrau (indigen amerikanisch), Seite 71

Diese Göttin lehrte ihr Volk die sieben heiligen Handlungen für ein gutes Leben. Tun Sie in der nächsten Woche jeden Tag etwas Gutes für andere, ehren Sie die Erde oder bringen Sie einem Kind bei, was es bedeutet, großzügig zu sein.

Wie die Göttin über den Himmel reitet, als Sonne oder Mond,
oder Regenbogen, so kündige ich hier auf Erden an:

Augen, Ohren, Geist zu öffnen,
um zu erkennen, was das Herz erspäht;

um den teuren Seufzer eines geliebten Menschen zu hören
oder zu träumen von dem, was vor mir liegt;

um zu sehen, was vor meinen Augen liegt,
und die Wahrheit über die Lüge zu stellen;

um Vergebung zu bitten, gerecht und wahr,
und um dir sie anzubieten in derselben Art.

Oh, Göttin, von unbekannten Welten den Schleier ziehe, leise,
dass diese sich enthüllen und ich dich darob preise.

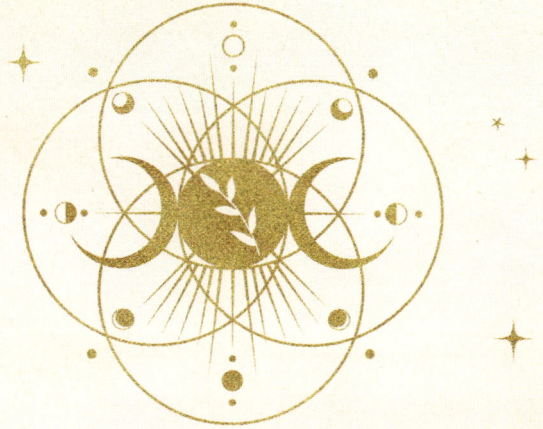

AMATERASU (JAPANISCH)

Sonnengöttin Amaterasu, die oberste Gottheit der Shinto-Religion, deren Name „leuchtender Himmel" bedeutet, ist die Göttin der Einheit, des Lebensunterhaltes und des Schutzes. Sie ist gütig und wohlwollend und man schreibt ihr zu, den Reis geschaffen zu haben, um ihr Volk zu ernähren, und es gelehrt zu haben, Seidenraupen zu züchten, um aus deren Fäden Stoffe zu weben, die sie zu Gewändern für die Götter verarbeitete.

Wie es kleine Brüder zu tun pflegen, entweihte ihrer – Susanoo, der Gott des Chaos – unter anderem ihren Palast und zerstörte ihre Reisfelder. Verzweifelt ob der Gewalt und der Zerstörung floh Amaterasu in eine Höhle, um sich in Sicherheit zu bringen, und weigerte sich, herauszukommen. Das stürzte die Welt in tiefe Dunkelheit, und je länger sie in der Höhle blieb, desto schlimmer wurden die Dinge. Ohne Licht wuchsen keine Pflanzen. Die Menschen hungerten und die Erde war kalt. Kein Flehen konnte sie umstimmen, bis Uzume, die Göttin der Freude, mit einem ungewöhnlichen, fröhlichen Tanz begann, der in einen Striptease überging und außerhalb der Höhle für schallendes Gelächter und Feierstimmung sorgte. Verführt von dem Lärm lugte Amaterasu aus der Höhle und ihr Blick fiel auf ihr eigenes Bild in einem dort aufgestellten Spiegel. Sie war von ihrer nie zuvor gesehenen Schönheit so verzaubert, dass sie lange genug abgelenkt war, dass man sie aus der Höhle ziehen konnte. Schnell verschloss man die Tür hinter ihr, sodass sie nicht mehr zurückkonnte. Die Menschen freuten sich, als die Sonne an den Himmel zurückkehrte und den Winter vertrieb, und das Leben kehrte zur Normalität zurück.

Suchen Sie Amaterasus Rat in allen Dingen, die mit Freundschaft und Einheit zu tun haben, wenn Sie auf der Suche nach Segen und Harmonie sind, wenn Sie als Hüterin Ihrer Familie Rat brauchen, wenn Sie sich von Schönheit inspirieren lassen wollen oder wenn nach der Dunkelheit wieder Heil und Freude einkehren sollen.

KRÄFTE

Als Sonnengöttin wirft Amaterasu buchstäblich Licht auf alles und bringt Leben, Klarheit, Weitsicht, Nahrung und Ordnung in die Welt. Sie hat die Macht, uns in Seelenverwandtschaft und Weitsicht zu vereinen, und bringt Frieden und Harmonie in unsere Welt.

OPFERGABEN

Spiegel und andere reflektierende Objekte, Chrysanthemen, Schmuck, Reis, Seide und sonnengelbe Kerzen sowie andere gelbe Dinge, wie Kleidung oder Altardecken, sind angemessene und geschätzte Opfergaben für Amaterasu.

CLEMENTIA (RÖMISCH) / ELEOS (GRIECHISCH)

Clementia ist die Personifikation der Gnade. Ihr Name bedeutet „Milde", besonders in Verbindung mit Bestrafung. Sie wird häufig mit einem Zepter und einer Opferschale dargestellt oder auch mit einem Oliven- oder Lorbeerzweig in der Hand, was sowohl den Sieg als auch den nachfolgenden Frieden symbolisiert. Ihre Verehrung begann, als Julius Caesar ihr als Tugend Göttinnen-Status verlieh (obwohl nicht alle der Meinung waren, dass er so tugendhaft gewesen sei).

Rufen Sie Clementia an, wenn Verletzungen und Ärger ihr Mitgefühl für andere trüben oder wenn ein wenig Selbstmitleid angebracht ist.

KRÄFTE

Clementia ist gütig und mitfühlend und spendet all jenen Trost, die ihn bei ihr suchen. Vergebung und Barmherzigkeit sind auch Kräfte, die Clementia ihren Verehrerinnen schenkt, was Ihnen helfen kann, sich in die Lage anderer zu versetzen, bevor Sie ein Urteil fällen.

OPFERGABEN

Münzen, Olivenöl, Lorbeerblätter und ein freundliches Wort sind Opfergaben, die Clementia gerne annimmt. Lorbeerblätter beim Kochen durchdringen Ihre Speisen mit nährender Barmherzigkeit und Vergebung.

IRIS (GRIECHISCH)

Iris – die schöne Göttin des Regenbogens – wird oft geflügelt dargestellt. Sie ist die Tochter von Elektra (die dafür bekannt ist, dass sie ihre Mutter, Königin Klytaimnestra, tötete, um den Tod ihres Vaters, König Agamemnon, zu rächen). Sie war Götterbotin und treue Dienerin der Hera (siehe Seite 41). Iris bot den Göttern Nektar aus ihrem Krug dar und brachte deren Botschaften vom Olymp zur Erde und in die Unterwelt – wo sie auch Wasser aus dem Fluss Styx holte, das bei den feierlichen Eidesformeln der Götter verwendet wurde. Sollte unter Eid gelogen werde, machte das Wasser einen sprachlos. Ihr Symbol, der Regenbogen, spiegelt die Verbindung zwischen Himmel und Erde wider. Iris wird auch mit dem Wasser assoziiert. Sie steht für die beruhigende Stille nach dem Sturm und die sanften Worte der Meditation.

Rufen Sie Iris an, wenn Ihr Kopf und Ihr Herz nicht in Einklang zu bringen sind; sie wird Ihnen helfen, auf Ihre Intuition zu vertrauen. Sie unterstützt Sie auch, wenn Sie klare Worte finden müssen, damit Ihre Botschaft gehört und verstanden wird. In der Arbeit mit dieser Göttin suchen Sie ihre Hilfe, um negative Selbstgespräche auszuschalten und Menschen, Umstände, Verhalten und Dinge ziehen zu lassen, die Ihnen nicht mehr dienlich sind. Beschwören Sie sie als Brücke für Freundlichkeit und Verständnis, wenn ein klärendes und heilendes Gespräch nötig ist.

KRÄFTE

Da sie sich sowohl im Reich der Götter als auch der Sterblichen wohl fühlt, kann Iris dazu beitragen, Frieden zu bewahren und dafür zu sorgen, dass alle an einem Strang ziehen. Ihre Rolle als Dienerin anderer bringt die Kraft mit sich, in allen Situationen flexibel zu reagieren, um ein positives Ergebnis zu erzielen. Diese Göttin glänzt in Sachen Kommunikation, Treue und Pflichtbewusstsein, kann aber ihre Selbstfürsorge vernachlässigen, weil sie sich zu sehr um die Bedürfnisse anderer kümmert.

OPFERGABEN

Verführen Sie Iris mit Kristallen oder Prismen, die das Licht auffangen und in die Farben des Regenbogens brechen. Blumen gehören zu ihren Favoriten, besonders die Iris. Auch alles, was mit Wasser zu tun hat, ist als besänftigende Opfergabe geeignet.

GUANYIN (CHINESISCH)

Die schöne Guanyin wird verehrt als die chinesische Göttin der Gnade,
des Mitgefühls, der Freundlichkeit und der Liebe. Obwohl ihr Ursprung in
China liegt, verbreitete sich ihr Einfluss. Sie wird häufig dargestellt in einem
weißen, fließenden Gewand mit einem Wasserkrug voll der lebenspendenden Flüssigkeit und einem Weidenzweig, mit dem sie die Welt mit Frieden
segnet. Wenn sie auf einer rosa Lotosblüte sitzt, ist ihre Botschaft Frieden
und Harmonie. Die Geschichte, dass sie mit 1000 Armen, jeder mit einem
Auge in der Handfläche, gesegnet ist, zeugt von ihrem Mitgefühl für jedes
menschliche Leid, denn sie sieht alle, die in Not sind, und streckt ihre Hände
aus, um sie zu trösten. Eine Legende besagt, dass sie, nachdem sie auf Ge-
heiß ihres Vaters getötet wurde, weil sie seinem Wunsch zu heiraten nicht
nachkam (sie vergab ihrem Henker), in die Hölle kam. Dort spielte sie Musik,
sodass Blumen sprossen und die Hölle in ein Paradies verwandelten.

Rufen sie Guanyin an, um Ihren Vorrat an Mitgefühl wieder aufzufüllen, wenn Sie sich abgeschlagen fühlen. Sie segnet die Menschen auch mit kluger Anpassung und Kompromissfähigkeit, wenn sich Beziehungen als zu einseitig erweisen, und sie flößt die Kraft der Vergebung auch in schwierigsten Zeiten ein, denn Vergebung ist unsere wahre Rettung. Wenn Ihre „Hölle" mehr Paradies benötigt, suchen Sie Guanyins Hilfe.

KRÄFTE

Guanyin kann Ihnen helfen, sich vor jedem Unheil zu bewahren, das Ihnen widerfahren könnte – Sie müssen nur ihren Namen mit Überzeugung anrufen. Das *Lotos-Sutra* beschreibt zehn besondere Schutzmaßnahmen, um die man Guanyin bitten kann – vor Feuer, Wasser, Stürzen, Politik, Gefängnis, Flüchen, Dämonen, bösen Tieren, Streitigkeiten und Kindern –, wobei sie Glück schenkt.

OPFERGABEN

Guanyin verlangt eigentlich keine Opfergaben in ihrem Namen. Wenn Sie sich besser fühlen, sich mit Geschenken zu bedanken, denken Sie an Lotosblüten, Oolong-Teeblätter, Orangen, Granatäpfel und Weidenzweige. Das größte Geschenk an sie ist jedoch Hilfestellung oder Mitgefühl für andere Menschen in Not.

MAAT (ÄGYPTISCH)

Maat, die ägyptische Göttin der Harmonie, Gerechtigkeit, Wahrheit und Weltordnung, Tochter des Sonnengottes Ra, wurde aus dem Chaos geboren, das Ra in der Welt verursacht hatte. Sie war in ihrer Zeit höchst wichtig, denn sie diente als Hüterin der Weltordnung und Choreographin des himmlischen Tanzes von Sonne, Mond und Sternen. Sie wird häufig mit einer Straußenfeder auf dem Kopf dargestellt – ihrer Feder der Wahrheit, mit der das Herz eines Toten auf der Waage verglichen wurde, um zu sehen, ob es sich um einen guten Menschen handelte. Wenn das Herz der Seele auf der Skala der Gerechtigkeit dem Gewicht der Feder entsprach, wurde der Tote ohne Last befunden und erhielt die Erlaubnis, ins Jenseits zu gehen; war es schwerer, war die Reise vorbei. So lebten die Ägypter gemäß dieser Regeln.

Maat repräsentierte die perfekte ägyptische Frau und war der Geist der Schöpfung und des Gewissens: Lebte man in Harmonie mit ihrem Geist und sorgte sich um andere und die Erde, dann war es ein gutes Leben.

Rufen Sie Maat an, um die Ausgeglichenheit wieder herzustellen, wenn Ihre Welt aus den Fugen zu geraten scheint und die Wahrheit helfen könnte, die Ordnung wieder herzustellen.

KRÄFTE

Maat hat die Macht zu entscheiden, wessen Leben auf Erden nicht das Ende der Reise ist und mit dem Tod endet. Ihr Einfluss stellte sicher, dass die Wahrheit gesprochen wurde, und ihre leitenden Prinzipien boten die Struktur für eine friedliche, harmonische Existenz.

OPFERGABEN

Maat sind Federn, Aloe, Weihrauch, Iriswurzel (oft Bestandteil von Potpourri, das bei Bedarf als Ersatz verwendet werden kann) und Rosen heilig. Auch jedes Geschenk, das Sie einer anderen Göttin machen möchten, mit der Sie zusammenarbeiten, ist passend für Maat.

MARIE LAVEAU (AMERIKANISCH)

Die Geschichte von Marie Laveau, der vielleicht einflussreichsten amerikanischen Magierin und Voodoo-Königin von New Orleans, beruht weitgehend auf mündlicher Überlieferung. Sie wurde 1801 (das genaue Datum ist umstritten; manche sagen 1794) in New Orleans, Louisiana, als uneheliche Tochter eines wohlhabenden kreolischen, weißen Plantagenbesitzers und seiner afrikanisch-indianischen Geliebten geboren und soll sowohl bezaubernd schön gewesen sein als auch von einer mächtigen Priesterin aus Saint-Domingue (Haiti) abstammen.

Marie wurde im katholischen Glauben erzogen, den sie nie aufgab, obwohl sie sich für die religiösen Traditionen der Afrikaner, die aus dem Glauben ihrer Mutter hervorgingen, interessierte. Die mystische Voodoo-Religion, die auf dem spirituellen Glauben der Afrikaner beruht, wurde während des transatlantischen Sklavenhandels nach New Orleans gebracht, wo sie durch eine Einwanderungswelle im Anschluss an die Revolution in Saint-Domingue (Haiti) an Tradition und Zahl zunahm und im 18. Jahrhundert ihre Blütezeit erlebte. Kurz nach dieser Zeit verfeinerte Marie ihre Fähigkeiten unter der Anleitung eines Voodoo-Arztes in New Orleans.

Nach dem Tod (manche sagen: dem Verschwinden!) von Maries erstem Ehemann (der ihr zwei minderjährige Kinder hinterließ) arbeitete sie als Friseurin und manchmal auch als Krankenschwester. Vielleicht dank ihres mitfühlenden Wesens und ihrer ausgeprägten Fähigkeit, zuzuhören, schätzten ihre Kunden – ob wohlhabend oder nicht, kreolisch oder nicht – Marie als Vertraute, der sie Familiengeheimnisse, Dramen, Informationen, Träume und Wünsche, geschäftliche Fragen, Probleme und Klatsch aller Art anvertrauten. So wurde Marie in der Gemeinde als große Voodoo-Königin bekannt, die beriet, verzauberte, segnete und Glück vorhersagte (wobei sie sich stark auf Informationen stützte, die sie davor in Erfahrung brachte). Ihrer zweiten Ehe entstammten mehrere Kinder, sodass sie den Friseurberuf aufgeben musste, um sich um ihren Haushalt zu kümmern – so aber hatte sie auch mehr Zeit für die Beratung ihrer Kunden. Auch ihr Ansehen und ihre Macht wuchsen. Und obwohl Marie für ihre hilfreiche Magie verehrt wurde, häuften sich die Geschichten über die Folgen für diejenigen, die sie beleidigten, was zu großer Angst, gemischt mit Ehrfurcht vor ihrer Macht, führte.

Marie herrschte als Vodoo-Königin über New Orleans etwa von 1830 bis 1850. Sie leitete sowohl alle öffentlichen Vodoo-Events als auch private und geheime Versammlungen, bei denen sie regelmäßig Rituale und Zeremonien mit viel Musik, Gesängen und Tänzen, von denen man glaubte, sie würden Verbindung mit der Geisterwelt aufnehmen, ausführte. Die Menschen wurden dadurch „besessen", was für viel Klatsch, aber auch Werbung und Einkommen sorgte, da sie begonnen hatte, Eintritt zu den Sitzungen zu verlangen. Sie blieb aktiv bis weit über das Alter von 70 Jahren hinaus und verwendete ihre Kräfte, um der Gemeinschaft zu dienen. Marie starb 1881 und wurde angeblich am St. Louis Cemetery No. 1 begraben, wo ihr Grab Neugierige genauso anzieht wie Verehrer, die traditionelle Opfergaben hinterlassen, in der Hoffnung, ihr Geist würde Ihnen seine Gunst erweisen.

Wenn man einen Liebeszauber ausspricht (und würfelt, sagt man!), sollte man den Namen Marie anrufen, wie es Tradition ist. Beschwören Sie ihren heilenden Geist an, um Stress oder Krankheit abzuschwächen, ihre Stärke zum Schutz und ihre Weisheit, um zwischenmenschliche Beziehungen mit Ungezwungenheit, Nächstenliebe und Mitgefühl zu meistern.

KRÄFTE

Marie Laveau wurde für ihre Kräfte in der Pflege und Heilung von Kranken gerühmt. Ihre Großzügigkeit gegenüber Armen und Bedürftigen und ihr Mitgefühl für die Gemeinschaft waren weithin bekannt. Ihre Weisheit, ihr Rat und ihre Prophezeiungen wurden in Herzensangelegenheiten und anderen persönlichen Belangen – von Glück über Fruchtbarkeit bis hin zu Politik, Reichtum und Teufelsaustreibung – vielfach in Anspruch genommen. Marie verteilte Zaubersprüche und Tränke für alle Arten von Heilung und Schutz (wobei sie sich auf Reste ihres katholischen Glaubens berief), wofür ihre wohlhabenden weißen Kunden viel Geld zahlten.

OPFERGABEN

Traditionelle Opfergaben wie Nahrung, Münzen, Mardi-Gras-Perlenschnüre, Rum, Blumen und Kerzen sollen Maries Geist anrufen, um Gunst zu gewähren und Wünsche zu erfüllen.

RHIANNON (WALISISCH)

Als Pferdegöttin, Göttin der Magie sowie Göttin des Mondes scheint Rhiannon für diese Kategorie eher unpassend, aber sie ist auch Göttin der wahren Liebe und des häuslichen Glücks und man kann viel von ihr lernen. Rhiannon heiratete Pwyll, den Prinzen von Dyfed, der sich auf den ersten Blick in sie verliebte, als sie auf ihrem schönen weißen Pferd vorbeiritt. Begleitet wurde sie von drei Singvögeln, die die schönsten Lieder sangen – man sagte, sie könnten Tote erwecken oder einen sanft in den Schlaf wiegen! Sie hatten einen Sohn, Pryderi, der kurz nach der Geburt auf mysteriöse Weise verschwand. Um Ärger zu vermeiden, beschuldigten die wachhabenden Kindermädchen fälschlicherweise Rhiannon, ihr Neugeborenes getötet zu haben. Es folgten Ungemach und eine ungewöhnliche Strafe für Rhiannon: Sie musste sieben Jahre lang außerhalb der Burgmauern sitzen und ihre Geschichte allen erzählen, die sie noch nicht gehört hatten – und sie dann wie ein Pferd auf ihrem Rücken zum Gericht tragen! Sie ertrug ihr Schicksal mit Würde, war aber nicht traurig, denn ihr Mann stand ihr zur Seite.

In der Zwischenzeit tauchte ihr kleiner Sohn auf mysteriöse Weise in einer Scheune auf, wurde von dem Paar, das ihn fand, adoptiert und wuchs zu einem begabten Reiter mit offenbar magischen Kräften heran. Sein Adoptivvater begann zu ahnen, wer er war, und führte ihn zu seiner Mutter zurück. Rhiannon, die somit entlastet war, nahm ihre Rolle als Ehefrau, Mutter und Prinzessin wieder auf. Von ihr lernen wir nicht nur, uns so gut wie möglich und ohne Schuldzuweisungen dem zu stellen, was das Leben für uns bereithält, sondern auch, dass die Wahrheit schlussendlich triumphiert, dass die Zeit alles möglich macht und dass Loyalität und Liebe in Beziehungen uns durch dunkle Zeiten tragen können, bis das Licht zurückkehrt.

Rufen Sie Rhiannon an für häusliche Freuden, wenn Ihnen die Geduld abhanden kommt und Sie mehr Stärke, als Sie zur Verfügung haben, brauchen, um Ihre Ziele zu erreichen.

KRÄFTE

Rhiannon beweist große Stärke – körperliche, geistige und seelische – angesichts großer Herausforderungen und die Geduld einer Heiligen in Erwartung der Erlösung durch die Wahrheit. Ihre Schönheit und ihr Mut sind eine reiche Quelle der Inspiration. Sie hat die Macht, die Wahrheit in Träumen zu offenbaren.

OPFERGABEN

Alles, was mit Pferden oder Vögeln zu tun hat, wird Rhiannon erfreuen. Sie können auch weiße Kerzen anzünden oder weiße Blumen in einer Vase, einen Mondstein oder ein Geschenk auf Ihren Altar stellen, um den Menschen in Ihrem Leben zu danken, die Sie unterstützen.

VERITAS (RÖMISCH) / ALETHEIA (GRIECHISCH)

Veritas war die Göttin der Wahrheit und Aufrichtigkeit. Schon ihr Name bedeutet „Wahrheit" und der Name ihres griechischen Gegenstücks, Aletheia, bedeutet „das Offensichtliche" oder das, was nicht verborgen ist. Sie ist die Essenz dessen, das um seiner eigenen Schönheit und seines Zwecks willen existiert und nicht verschleiert oder uneingestanden bleiben soll. Sie ist die Tochter von Zeus (beziehungsweise von Saturn, oder von Prometheus erschaffen, je nachdem, welche Geschichte man liest) und Mutter der Tugend. Veritas ist als ausweichende Göttin bekannt und man findet sie häufig versteckt in einer Quelle – aber nur, wenn man entschlossen ist, sie aufzuspüren. Sie wird oft in Weiß gekleidet oder völlig nackt dargestellt und hält einen Handspiegel, um die „nackte Wahrheit" zu reflektieren.

Suchen Sie zuerst in sich selbst, um Ihre Wahrheit zu erkennen, bevor Sie Veritas anrufen, um Ihnen zu helfen, sie zu leben.

KRÄFTE

Die Kraft von Veritas offenbart sich im Verständnis der Macht der Wahrheit zu heilen, zu befreien,eigene Ideale und Ziele zu ehren. Ihr Mut stärkt den Willen, der Wahrheit zu folgen und sie jederzeit auszusprechen. Auch wenn die Wahrheit manchmal schwer zu finden ist, ist Beharrlichkeit der Schlüssel und die Belohnung ist groß.

OPFERGABEN

Alles Reflektierende, wie Spiegel oder persönlich Reflektierendes, wie das Führen eines Tagebuchs, ist für Veritas ein sinnvolles Angebot. Auch Spindelgewächse oder weiße Chrysanthemen für Wahrheit, Farn für Aufrichtigkeit oder Minze für Tugend sind nette Gaben für Ihren Altar.

WEISSE BÜFFELFRAU
(INDIGEN AMERIKANISCH)

Die Weiße Büffelfrau, eine Legende des Stammes der Lakota sowie anderer amerikanischer Ureinwohner, ist als Botin der verstorbenen Ahnen und Heilerin bekannt, aber auch als Lehrerin und Friedensstifterin. Die Weiße Büffelfrau erschien erstmals zwei Kriegern der amerikanischen Ureinwohner, die auf der Jagd nach Nahrung für ihr Volk waren. Zuerst zeigte sie sich in Gestalt eines großen weißen Büffels, doch als sie näher kam, verwandelte sie sich in eine schöne indigene Jungfrau, die ihrem Volk die Heilige Pfeife und deren Geheimnisse bringen sollte. Der Blitz erschlug einen der Krieger wegen seines schlechten Benehmens ihr gegenüber; den anderen wies sie an, seinem Volk zu sagen, dass es ihre Ankunft erwarten solle.

Wie versprochen erschien sie einige Tage später und überbrachte die Heilige Pfeife, deren Verwendung sie in sieben heiligen Gebetsritualen lehrte – für Reinigung, Namensgebung von Kindern, Heilung, Verwandtschaftspflege, Heirat, Suche nach Visionen und Sonnentanz. Die Verwendung dieser Werkzeuge garantierte den guten Umgang mit dem Land und das Überleben der Nation. Als ihre Mission erfüllt war, verschwand sie auf dieselbe Weise, wie sie gekommen war – mit dem Versprechen, eines Tages zurückzukehren, um erneut Harmonie in die Welt zu bringen, was durch die Geburt eines weißen Büffelkalbs angekündigt werden würde.

Rufen Sie die Weiße Büffelfrau an, wenn Ihre Welt oder die Welt allgemein durch Frieden, Harmonie und Verständnis geheilt werden soll. Beschwören Sie die Weiße Büffelfrau, wenn es um unseren Planeten und die Heilung der Erde geht.

KRÄFTE

Die Weiße Büffelfrau bringt all jenen, die sie ehren, Frieden und Harmonie und mit diesen Gaben auch Hoffnung in Zeiten der Not. Sie lehrt uns, zum Wohle aller zusammenzuarbeiten und die Lehren unserer Vorfahren in unserem heutigen Handeln zu würdigen. Ihre Kräfte – Respekt, Demut und Weisheit – helfen uns, das Chaos zu bändigen und als Einheit zu leben.

OPFERGABEN

Federn, getrocknete Kräuter, insbesondere Salbei und Tabak, und frisches Wasser sind traditionelle Opfergaben. Wenn Sie sich für eine gesunde Umwelt einsetzen, wird die Weiße Büffelfrau ihren Segen von oben geben.

Nidra, Hindu-Göttin der Nacht und des Schlafes

Göttinnen für Heim und Herd und der Heilung

Ihr Heim ist Ihr Heiligtum – Ihr heiliger Ort der Liebe und Fürsorge, des Komforts, der Sicherheit, der Entdeckung und der Heilung.

Die Göttinnen, die hier wohnen, sind selbstlos; ihre Talente sind vielfältig und ihre Arbeit ist nie getan. Sie arbeiten von morgens bis abends, um sich um die Bedürfnisse aller zu kümmern und sicherzustellen, dass das Heim ein sicherer, einladender, behüteter und glücklicher Ort ist. Sie bringen sogar süße Träume, wenn man sie darum bittet.

Diese Göttinnen des häuslichen Glücks können inspirieren, heilen, besänftigen und heilen. Sie sind freundlich, liebevoll, weise, kreativ, beschützend, verzeihend und leidenschaftlich!

Sie übernehmen die Verantwortung für alles, was in Ihrem Heim geschieht, wenn Sie mit diesen Göttinnen arbeiten. Sie helfen, die Bewohner Ihres Heims vor dem Bösen zu schützen, negative Energien zu vertreiben, den Frieden zu bewahren, Vorsätze zur Veränderung des Lebens zu fassen und über alles nachzudenken, wofür Sie dankbar sein müssten. Sie können auch die Selbstfürsorge lehren, wenn man tagsüber damit beschäftigt ist, Bedürfnisse und Wünsche anderer zu erfüllen. Ihr Ziel ist es, einen Ort zu schaffen, an dem Sie sich auf jede erdenkliche Weise entfalten können.

FEIERN SIE DIE GÖTTIN

Freuen Sie sich über neue Freundschaften und feiern Sie die Göttin. Ehren Sie ihren Feiertag, arbeiten Sie mit ihren Symbolen, oder noch besser, schätzen Sie ihren Gesichtspunkt mit diesen Tipps und Fakten.

Airmed (keltisch), Seite 77

Der Legende nach wuchsen dort, wo Airmeds erschlagener Bruder begraben wurde, 365 Kräuter – eines für jedes seiner Gelenke und Sehnen. Pflanzen Sie in ihrem Sinne Ihr Lieblingskraut und sprechen Sie mit ihm, um seine heilende Weisheit zu erfahren. Feiern Sie das „Unkraut", das sich auf dem Bürgersteig breit macht: Auch sie haben uns etwas zu sagen.

Bao Gu (chinesisch), Seite 78

Feiern Sie diese Göttin der Heilung, indem Sie alle Vorsorgetermine, die Sie aufgeschoben haben, wahrnehmen: Mammographie? Abgehakt. Zahnreinigung? Abgehakt. Andere? Abgehakt. Oder versuchen Sie es mit Akupunktur, um Ihre Beschwerden zu lindern.

Brigid (keltisch), Seite 79

Imbolc, der 2. Februar, ist der Tag, an dem Brigid geehrt wird, am Fest des Wiedererwachens der Erde. Zünden Sie Kerzen an und schalten Sie alle Lichter in Ihrem Haus ein, um die Dunkelheit zu vertreiben. Feiern Sie Brigids Geburt bei Sonnenaufgang und damit der Sonne heilige Flammen der neuen Chancen.

Caer Ibormeith (keltisch), Seite 81

Diese Fee/Göttin wird an Samhain, dem 31. Oktober, gefeiert, dem Tag, an dem sie sich jedes Jahr vom Schwan in einen Menschen oder umgekehrt verwandelt. Imitieren Sie den friedlichen See, in dem sie lebt, indem Sie ein Vogelbad in Ihrem Garten aufstellen und die Feen einladen, darin zu baden.

Cerridwen (keltisch), Seite 82

Am 3. Juli wird Cerridwen gefeiert. Nehmen Sie Ihren größten Kochkessel und verwandeln Sie rohe Zutaten in ein Festmahl, um Freunde und Familie zu speisen. Ehren Sie ihren dreifachen Göttinnen-Aspekt, indem Sie alle Frauen in Ihrem Leben in all ihren Altersstufen feiern und jede für ihre Stärken schätzen.

Epione (griechisch), Seite 84

Um Epione, die Göttin der Schmerzlinderung, zu feiern, genießen Sie ein beruhigendes Ritual, um den Tag ausklingen zu lassen: Maniküre-Pediküre, Mini-Gesichtsbehandlung, Meditation, Lieblingsmusik hören, spazieren gehen, im Whirlpool baden ...

Frigga (nordisch), Seite 85

Die Wintersonnenwende, allgemein der 21. Dezember, ist die Zeit, Frigga zu ehren. Zum Dank, dass Odin ihren Sohn Baldur, der von einem Pfeil aus Misteln getötet wurde, wieder zum Leben erweckte, erklärte Frigga die Mistel zur Pflanze der Liebe. Tauschen Sie ihr zu Ehren einen Kuss unter einem Mistelzweig.

Gabija (litauisch), Seite 87

Sie ist die Göttin des Herdfeuers, das traditionell mit Brot und Salz gespeist wird – backen Sie Brot oder tun Sie, was immer Ihr inneres Feuer nährt, auf dass es weiter glühe.

Hestia (griechisch) / Vesta (römisch), Seite 88

Der 9. Juni ist der Tag des Vestakultes, an dem das heilige Herdfeuer der Vesta gefeiert wird. Um beide Göttinnen zu feiern, veranstalten Sie ein Lagerfeuer, versammeln sie Freunde und Familie und feiern Sie den heiligen Herd mit seinem Feuer indem Sie die Familie zusammenbringen.

Nidra (Hindu), Seite 90

Diese Göttin des Schlafs kennt die Macht des Schönheitsschlafs. Machen Sie ein Nickerchen; schaffen Sie ein Ritual zur Schlafenszeit, um sich zu entspannen und sich ins Traumland zu begeben; führen Sie Tagebuch über Ihre Träume und achten Sie auf Muster – vielleicht sind es Botschaften von Nidra.

Oh Göttin, teile deinen Zauber,
um schwelende Feuer rasch zu löschen.

Dein Zauber wird mich so beschützen,
dass meinem Heim nie Schaden wird entstehen,

nur Freud' und Überfluss wohin man blickt –
ich ernt' mit Dank und Stolz, was du geschickt.

Heim und Herd, oh Göttin, segne, dass in Fülle
Liebe und Zeit das Beste in uns enthülle.

AIRMED (KELTISCH)

Diese irische Göttin stammt aus dem alten magischen Geschlecht der Tuatha Dé Danann. Die Sage erzählt, dass die Tränen, die sie aus Trauer am Grab ihres Bruders vergoss, einen Garten entstehen ließen, der alle existierenden Heilkräuter umfasst haben soll. Aus wundersamer Neugier soll Airmed die Kräuter in ihrem Umhang gesammelt und später, als sie ihre Geheimnisse entschlüsselt hatte, mit ihnen gearbeitet haben.

Sie wurde Hüterin der Weisheit und des Wissens über die Heilung durch Pflanzen und war besonders begabt, im Kampf verletzte Soldaten zu heilen.

Ob Sie Kämpfe der heutigen Zeit oder nur Familienstreitigkeiten ausfechten oder ob Sie gerne Naturmedizin im Allgemeinen ausprobieren möchten, rufen sie Airmed an. Sie wird Ihnen zuhören.

KRÄFTE

Airmeds Zauberkräfte umfassen Geduld, Größe, Heilung und Herstellung heilenden Wassers sowie ihr großes Wissen, das sie großzügig mit jenen teilt, die darum bitten und es respektieren, indem sie es für gute Zwecke nützen. Rufen Sie Airmed bei Gartenarbeiten an – sie wird die Pflanzen mit magischen Kräften durchdringen und deren heilende Fähigkeiten verstärken.

OPFERGABEN

Geben Sie ein beliebiges Kraut oder gemischte getrocknete Kräuter in einen Mörser und stellen sie diesen Airmed zu Ehren auf den Altar. Stellen Sie eine Vase mit frischen Kräutern oder Kräutertee mit ihren aromatischen Wunderkräften der Heilung dazu. Feiern Sie Airmed bei zunehmendem Mond, um die Heilkräfte zu fördern. Pflanzen Sie Aloe vera oder Kamille an und bitten Sie um Airmeds Segen, auf dass die Pflanzen trösten und heilen, wenn Bedarf besteht.

BAO GU (CHINESISCH)

Bao Gu war eine Ärztin, die im 4. Jahrhundert in China lebte. Aufgrund ihrer außerordentlichen Freundlichkeit und heilende Kräfte erhielt sie Göttinnen-Status im Bereich von Heilung und Medizin, insbesondere wegen der Verwendung traditioneller chinesischer, medizinischer Techniken wie Akupunktur und Kräuterheilkunde. Sie wurde in einem Kloster aufgezogen, wo sie Magie und Medizin lernte. Später heiratete sie einen anderen respektierten Arzt und Wissenschaftler, einen Schüler ihres Vaters. Zur damaligen Zeit fanden ihr Wissen, Geschick und Erfahrung große Beachtung, obwohl sie nicht der typischen Rolle einer Frau entsprachen. Neben der Erforschung der Pflanzen interessierte sie sich auch sehr für die heilenden Kräfte des Wassers.

Rufen Sie Bao Gu an, wenn Ihre Beziehung eine kleine Auffrischung an liebevoller Pflege benötigt oder wenn ihre Kräuterkunde in Verbindung mit Aromatherapie für eine kleine Selbstheilung gefragt ist.

KRÄFTE

Bao Gu war eine frühe Anführerin. Ihre Kräfte verliehen Mut, Heilkraft sowie Mitgefühl und waren ein Dienst an den Menschen. Sie besaß auch die Gaben der Magie, der Neugier und des schnellen Lernens. Damit ermöglichte sie die Heilung in die Welt und hinterließ ein Erbe an Wissen, mit dem man ihre Tradition fortführen kann.

OPFERGABEN

Versuchen sie zu Ehren von Bao Gu ein entspannendes Bad zu Hause, wobei Sie Himalaya-Salz verwenden, um Leiden und Schmerzen zu lindern und die Haut zu nähren. Andere angemessene Opfergaben sind reines Wasser, frische Kräuter und Respekt für die Macht einer einzigartigen Frau, die das Leben von vielen zum Besseren wandte.

BRIGID (KELTISCH)

Sie war eine weitere Göttin der Tuatha Dé Danann, Brigid, deren Name
die „Erhabene" bedeutet. Als Göttin des Herdes hütete sie unter anderen
Pflichten das heilige Feuer des Hauses, das die Familie wärmte und die
magische Energie für das Kochen der Mahlzeiten lieferte. Deshalb ist ihr
Symbol auch ein Kessel. Die Tradition wollte es, dass die Frau des Hauses,
während sie ihre tägliche Aufgabe, die Glut am Abend für den nächsten
Tag vorzubereiten, Brigid um den Schutz aller im Haushalt lebenden
Personen bat. Brigid repräsentiert auch das Feuer der Kreativität und wird
in dieser Rolle als Göttin der Poeten verehrt, indem man die heilenden
Kräfte der heiligen Quellen aufsucht.

Die Legende besagt, St. Brigid habe ein Kreuz aus Binsen gefloch-
ten, als sie die rastlose Seele eines Stammesfürsten, der im Sterben lag,
besänftigte. Eine Kopie des Brigid-Kreuzes an der Haustür oder im Flur
aufzuhängen – insbesondere an Imbolc (siehe Seite 74) –, soll vor bösen
Geistern und Feuer schützen und das Heim vor Hunger bewahren.

Rufen Sie Brigid an, wenn das wärmende Feuer der inneren Heilung
Ihnen helfen könnte, die Pflichten gegenüber der Familie und für die Ge-
staltung eines liebevollen Heims zu erfüllen. Suchen Sie ihre Wärme, um
Ihre Energie wieder aufzuladen. Lassen Sie sich von ihrer Poesie inspirieren, um Ihren Worten ein wenig Magie zu verleihen.

KRÄFTE

Brigids Kräfte entstehen aus der ewigen Flamme, die sie hütete, die ein Heim nährt und umsorgt, die kreativen Kräfte befeuert, die Fantasie beflügelt, als Leidenschaft hell in unseren Herzen brennt, den Winter zum Schmelzen und mit der Wiedergeburt des Frühlings unser Hoffnungen neu belebt. Ihre ewige Flamme ist das Licht, das uns den Weg weist.

OPFERGABEN

Ein knisterndes Feuer, zu Ehren von Brigid entzündet, schenkt Ihnen einen Platz, um mit ihr ein stilles Gespräch zu führen. Hören Sie genau zu – das knisternde Feuer spricht mit Ihnen. Haben Sie keinen Kamin? Öffnen Sie die Fenster und lassen Sie die Sonne herein, gemeinsam mit einer Brise von Brigids Weisheit, oder legen Sie ein paar Zweige als Zeichen des Brennstoffes auf den Altar. Opfergaben von Nahrung und Wein sind auch traditionelle Arten, Brigid anzuerkennen, insbesondere wenn es sich um Reste einer Familienmahlzeit handelt. Wenn Sie mit Brigid arbeiten, stellen Sie einen Kessel auf den Altar, in dem Sie eine Kerze anzünden. Schreiben Sie ihr zu Ehren ein Gedicht.

CAER IBORMEITH (KELTISCH)

Caer Ibormeith, Tochter des Feenkönigs und Göttin der Träume und der Weissagung, stammt aus dem legendären Geschlecht der Tuatha Dé Danann. Caer war eine schöne, unabhängige, sich in der Form verändernde Göttin, die abwechselnd ein Jahr als Frau, ein Jahr als Schwan lebte – wobei sie sich immer an Samhain verwandelte. Sie erwählte ihre große Liebe, indem sie ein Jahr lang in seinen Träumen erschien und Liebeslieder sang, nur um wieder zu entschwinden, wenn er nach ihr greifen wollte. Das machte ihn so liebeskrank, dass er nicht mehr essen konnte. Drei Jahre lang dauerte die Suche nach der unbekannten Schönen, zuerst durch seine Mutter, dann durch den Vater und schließlich durch den König. Endlich wurde sie gefunden – doch als Schwan unter 150 anderen, die alle mit einer Silberkette verbunden waren. Er musste sie identifizieren und nach ihr rufen, damit sie vereint werden konnten. Das tat er – sie war der schönste Schwan; sie wurden vereint, auch er wurde zum Schwan und das Liebeslied, das sie sangen, als sie gemeinsam wegflogen, belegte jeden, der sich in der Nähe befand, für drei Tage mit einem Schlafzauber. Da Schwäne ein Leben lang zusammenbleiben, hatte diese Verbindung ein glückliches Ende.

Arbeiten Sie mit Caer Ibormeith, wenn prophetische Träume Ihnen Hinweise liefern könnten, wie Sie Ihre gesteckten Ziele erreichen, Sie unter Schlaflosigkeit leiden oder wenn Ihre Intuition klarer erscheinen soll.

KRÄFTE

Caers wahre Kräfte liegen in ihrer Unabhängigkeit und der Fähigkeit, bedingungslos zu lieben, ohne sich selbst dabei aufzugeben. Sie ist auch mit musikalischem Talent gesegnet, um jemanden zu besänftigen und zu erfreuen, was für seligen Schlaf und friedliche Träume sorgt.

OPFERGABEN

Bilder von Schwänen auf dem Altar, Silber, Musik, reines Wasser und weiße Kerzen sind Opfergaben, die Caer Ibormeith freudig akzeptieren wird. Eine kurze Meditation, als Dank für ihr Geschenk einer erholsamen Nachtruhe kurz vor dem Schlafengehen, kann auch sehr wirkungsvoll sein.

CERRIDWEN (KELTISCH)

Cerridwen, auch bekannt als Weiße Göttin oder altes Weib, war eine Göttin mit vielen Facetten und eine der mächtigsten Hexen in der keltischen Mythologie. Sie verkörperte alle Aspekte einer Dreifach-Göttin: Jungfrau, Mutter und altes Weib. Unter den vielen Reichen, über die sie herrschte befanden sich der Mond, die Magie, die Natur, die Schöpfung und die Astrologie. Sie hütete auch einen großen Kessel, in dem sie Kräutersud in mächtige Zaubertränke verwandelte, die Schönheit und Weisheit verliehen sowie die Inspiration förderten. Deshalb ist ihr Kessel auch Symbol für Transformation und Wiedergeburt.

Obwohl der Aspekt des alten Weibes ihre dunklere Seite und die Suche nach Gerechtigkeit auf der Basis von erworbener Weisheit enthüllt, war sie auch eine lebenspendende Mutterfigur, die sich speziell um ihre Kinder kümmerte, insbesondere um ihren hässlichen Sohn Morfran, dem sie helfen wollte, im Leben Erfolg zu haben. Mit einem extra für ihn geschaffenen Elixier, das ihn in einen brillanten und hübschen Mann, der über Wissen über die Zukunft verfügte, verwandeln sollte, lief zwar nicht alles wie geplant, doch es kam letztlich zu einem guten Ende. Währenddessen verwendetet sie ihre Gabe, sich zu verwandeln, um sich den wechselnden Bedingungen anzupassen, bis sie Erfolg hatte.

Auf welche Weise auch immer Sie sie benötigen, rufen Sie Cerridwen an, um Sie wieder aufzubauen, wenn Sie sich ausgelaugt fühlen. Sie ist auch eine Schlüsselfigur, wenn Sie eilig durch Veränderungen und Transformationen in Ihrem Leben steuern. Beschwören Sie ihre Energien, um die Veränderungen anzunehmen und locker die nächste Phase in Ihrem Leben anzugehen. Sie kann Ihnen auch neuen Antrieb verleihen, wenn Sie in einer unproduktiven Routine steckengeblieben sind.

KRÄFTE

Cerridwen ist eine mächtige, einfallsreiche Hexe, die göttliche Inspiration, unendliche Liebe und die Vorhersage von Veränderungen zur Verfügung stellt. Ihr magischer Kessel, den sie ständig hütet, symbolisiert die Transformation: die Verwandlung, die sich durch Wissen und Macht ergibt, wie durch Hitze gekochtes Essen, das den Körper nährt, als Symbol von Geburt und Wiedergeburt, das Leben verwandelt und als Ort, wo ihre mächtigen Zaubertränke gebraut werden, die segnen oder Leben nehmen können – und von wo aus die Weisheit angereichert mit Inspiration ihre Gefolgsleute aufmuntert. Ihre einzigartigen Talente verliehen ihr den Status der Göttin der Hexen und Zauberer.

OPFERGABEN

Legen Sie jegliche Kombination von sechs Kräutern in einen Kessel auf ihren Altar zu Ehren des Elixiers für Cerridwens Sohn. Dekorieren Sie den Ort, an dem Sie sie empfangen wollen, mit weißen Blumen. Bringen Sie Opfergaben dar, die die vier Elemente Luft, Erde, Feuer und Wasser repräsentieren. Wenn Sie backen, denken Sie daran, vielleicht einen Sauerteig in einem repräsentativen Kessel anzusetzen, denn Cerridwen wird auch mit Getreide assoziiert. Wenn Sie den Sauerteig gut füttern, imitieren seine regenerierenden Eigenschaften ihren bodenlosen Kessel – und Ihr Backwissen und Ihre Inspiration, die Sie mit Freunden teilen können.

EPIONE (GRIECHISCH)

Als Göttin des Lindern des Schmerzes war Epione die Frau des Asklepios (Äskulap), dem griechischen Gott der Heilkunst, und Mutter der fünf Asklepiaden oder Göttinnen der Gesundheit und der Heilkunst: Aegle, Göttin der strahlenden Gesundheit; Akeso, Göttin der Krankenheilung; Hygieia, Göttin der Sauberkeit, Krankheitsvorsorge und Langlebigkeit; Iaso, Göttin der Heilung und Erholung; und Panakeia, alles heilende Göttin, oder die Heilung selbst.

Rufen Sie Epione an, um jede Form von Schmerz zu lindern. Ihre kann Balsam sein, den man braucht, um Ruhe zu bringen und wahre Heilung voranzutreiben.

KRÄFTE

Obwohl man nicht viel über Epione weiß, ist ihr Vermächtnis der Heilung berühmt-berüchtigt und die Heilkunst ist die Mission der Familie.

OPFERGABEN

Die selbstlosen Göttinnen und Gott Asklepius schätzen Dankbarkeit und Gefälligkeiten über alles. Aber ein ihnen gewidmeter Altar ist eine mächtige Präsenz in Ihrem Heim und einfache Opfergaben wie Salz und sauberes Wasser zur Reinigung sowie frische Heilkräuter helfen, ihre Kräfte zu Ihnen zu bringen.

FRIGGA (NORDISCH)

Frigga, die außerordentliche, nordische Göttin, Königin von Asgard und Gemahlin des Odin, des Übervaters und mächtigsten nordischen Gottes, wird mit Häuslichkeit und allem, was dazu gehört – Liebe, Ehe, Kameradschaft, Mutterschaft und Pflege – assoziiert und ist Befehlshaberin im Haus. In der mächtigen Position als Odins Gemahlin ist sie ihm gleichwertige Partnerin und sitzt neben ihm am hohen Thron, von wo aus sie eine herrliche Aussicht auf die Welt hat. Von hier aus, verstärkt durch die nordische Magie (*seidr*), kann sie weit in die Zukunft blicken, enthüllt jedoch in ihrer Weisheit nicht alles, was sie sieht. In ihrer bedeutenden Stellung ist sie unter anderem Göttin der Ehe, Geburt, Mutterschaft, Weisheit und des Webens. Als ausgewiesene Expertin dieser Kunst soll sie die Wolken sowie die Schicksale aller gewebt haben, darunter auch den vorzeitigen Tod ihres Sohnes Baldur, dessen Schicksal sie trotz aller Anstrengungen nicht mehr abwenden konnte. Um ihren Sohn zu beschützen, flehte sie alle Pflanzen und Tiere der Erde an, ihm keinen Schaden zuzufügen – alle stimmten zu, außer der Mistel. Leider grollte der betrügerische Gott Loki Frigga, deshalb bastelte er einen Pfeil aus einem Mistelzweig, schoss diesen auf Baldur und tötete ihn, indem er damit sein Herz durchbohrte. Frigga, die von der Totengöttin keine Freigabe ihres Sohnes erreichen konnte, wird deshalb manchmal auch um Trost beim Verlust eines geliebten Menschen gebeten.

Ihr Name bedeutet „Geliebte" und sie kennzeichnet alle Dinge des häuslichen Friedens. Freitag, nach Frigga benannt, ist daher der beste Tag für eine Hochzeit!

Suchen Sie ihre Weisheit in Belangen von Heim und Herd und laden Sie sie immer ein, wenn die Energie ihrer inneren Göttin nachlässt. Rufen Sie Frigga an, um den Ausgleich der Kräfte wieder herzustellen, wenn Dinge aus dem Takt geraten oder diplomatisches Geschick gefordert ist, um eine Einigung zu erreichen. Anhängerinnen suchten auch ihre Hilfe bezüglich häuslichen Fertigkeiten und in der Baumwollindustrie. Wenn Sie von zu Hause aus arbeiten oder alleinige Besitzerin eines Unternehmens sind, holen Sie sich Frigga an Bord.

KRÄFTE

Friggas Kräfte stehen in enger Verbindung mit allen Belangen der Ehe, des Haushalts und der Familie. Sie ist aber auch eine unabhängige Frau, verlässliche Partnerin, Mutter, Freundin und Ehefrau, die ihre eigene Identität voll aufrecht erhält, nebenbei außerordentlich klug und sie nützt ihre Macht zu ihrem Vorteil. Sie hatte auch die Macht, die Zukunft vorherzusagen, war jedoch mit der Weisheit gesegnet, Geheimnisse zu bewahren – obwohl man sie deshalb als Schicksalsweberin ansah.

OPFERGABEN

Halten Sie den Altar für Frigga sauber und ordentlich und stellen Sie Opfergaben wie Wein oder Wolle darauf. Verbringen Sie einige Zeit damit, andere Frauen freiwillig zu unterstützen, machen Sie Frieden mit Ihrer Familie, wenn dies notwendig ist, und nehmen Sie Ihr Ehegelübde wieder ernst. Reinigen Sie Ihr Haus!

GABIJA (LITAUISCH)

Garbija, Göttin des Herdfeuers und Wächterin von Heim und Familie, ist wie die griechische Göttin Hestia (Seite 88) damit beauftragt, das Feuer als Mittelpunkt des Heimes zu hüten. Doch im Gegensatz zu Hestia ist sie aggressiver –feuriger! – und muss auch dementsprechend behandelt werden. Bringt man sie abends zu Bett, wird ihre Asche sauber zusammengefegt, sodass sie nachts weiter glimmt. Man stellt ihr auch eine Schüssel mit frischem Wasser zum Baden hin und bittet sie, an Ort und Stelle zu bleiben. Obwohl Gabija keinen Schaden anrichten will – immerhin liefert sie Wärme und Nahrung –, ist sie etwas schwierig zu behandeln. Treten Sie ihr immer mit Respekt gegenüber.

In Litauen bekommt die junge Braut traditionell Feuer aus dem Herd ihrer Mutter, um das Feuer in ihrem eigenen Heim zu entzünden, das einen glücklichen Start ins Eheleben sichern soll.

Rufen Sie Gabija an für den Schutz des Heimes und der Familie, insbesondere vor Dieben und bösen Geistern. Suchen Sie ihr Licht bei neuen Anfängen oder wenn Schatten vorübergehend Ihre Intuition verdunkeln. Genießen Sie ihre Botschaft der täglichen Ruhe und Erneuerung durch Selbstfürsorge und lassen Sie ihr Feuer brennen, sodass Sie sich liebevoll um ihre Familie kümmern können.

KRÄFTE

Gabija flößt wegen ihrer destruktiven Natur Respekt ein, doch wenn man sie sorgsam behandelt, wird man mit Wärme belohnt. Sie liefert sowohl Energie, um Essen für die Familie zu kochen, als auch Licht, um klar zu sehen, wenn Dunkelheit droht.

OPFERGABEN

Für Gabija sind Nahrungsmittel, insbesondere Brot und Salz, traditionelle Opfergaben, die respektvoll neben das Feuer gelegt werden. Auch rote Dinge, sei es Nahrung, Kerzen, Kristalle oder etwas Anderes, sind angemessen.

HESTIA (GRIECHISCH) / VESTA (RÖMISCH)

Die griechische Göttin Hestia war eine jungfräuliche Göttin, die sich dem Herdfeuer, dem Heim, der Familie und der Gemeinschaft widmete. Als ursprüngliche Hausgöttin wurde diese freundliche und verzeihende Gestalt weithin verehrt und in den Heimen heilig gehalten, wo sie das unendliche Herdfeuer hütete, um zu wärmen, zu nähren und zu unterstützen. Das Herdfeuer, Symbol für den Mittelpunkt eines Heimes (so ähnlich wie heute die Küche), war der Treffpunkt des Familienlebens, nicht nur bei den Mahlzeiten. Deshalb waren auch dort Opfergaben üblich. Typisch waren Wein und Nahrungsmittel, um sie zu ehren, und die Trinksprüche begannen und endeten mit „auf Hestia!". Sie verzichtete auf viele ihrer offiziellen Pflichten und war eine wahre Stubenhockerin und der Inbegriff der Gastfreundschaft. Hestia war auch dafür verantwortlich, dass die Herdfeuer des Olymp ständig brannten. Dafür wurde sie mit einem Sitz im Olymp belohnt und durfte als Erste aus den dort präsentierten Opfergaben wählen.

Obwohl Hestia auf eigenen Wunsch hin keine Kinder hatte, wurden neugeborene Familienmitglieder ihr an ihrem Herd präsentiert, damit sie sie segne und im Heim willkommen heiße. Sie wird als bescheidene Frau dargestellt, deren Hauptanliegen der häusliche Friede ist, dem sie ihre Zeit und ihre Talente widmet.

Rufen Sie Hestia an, um Familienkrisen ohne Drama zu lösen, und beschwören Sie ihre Energie, damit diese erst gar nicht entstehen. Sie kann auch Ihr inneres Feuer wachhalten und auf Ihr Ziel gerichtete Handlungen veranlassen. Wenn es darum geht, im Angesicht von Versuchung und Kritik treu zu Ihrem Glauben zu stehen, bitten Sie Hestia, still an Ihrer Seite zu wandeln.

KRÄFTE

Hestia ist mit den Gaben der inneren Stärke, Feuer und Schutz ausgestattet, doch Sie sollten bedenken, dass Feuer zwar nährend ist, aber auch destruktiv sein kann. Hestia bezieht ihre Stärke aus der Einsamkeit und hängt nicht von anderen ab, um ihre Bedürfnisse zu erfüllen. Sie ist unerschütterlich selbstsicher, sogar wenn ihre Normen gegen alle Erwartungen stehen.

OPFERGABEN

Sie ist nicht auf Aufmerksamkeit aus; einfache Opfergaben wie Essen oder ein Trinkspruch mit Wein beim Abendessen als Dank werden Hestia gefallen. Mohn, Mönchspfeffer, Goldraute, Stockrosen, purpurner Igelkopf und Schafgarbe können helfen, Hestia bei häuslichen Schwierigkeiten zu Hilfe zu rufen.

NIDRA (HINDU)

Die schöne Nidra Devi ist die Göttin der Nacht und des Schlafes, die den Wert eines tiefen und erholsamen Schlafes für die Gesundheit jedes menschlichen Wesens preist. Sie besucht Sie jede Nacht mit ihrem Korb voll Träumen, den sie sacht über Ihnen ausleert, sobald der göttliche Schlaf Ihren Geist und Ihren Körper überkommt. Jene, die ihr Leben im Einklang mit ihrem Herzen führen, finden leicht in den Schlaf; die, die das nicht tun, müssen warten. Nidra leiht ihren Namen dem Nidra-Yoga, einer Praxis, die zu einem Zustand der extremen Entspannung, zwischen Schlaf und Bewusstsein, führt, der ein starkes Mittel gegen Stress sein soll.

Rufen Sie Nidra an, wenn Sie nach einer Nacht mit Husten und Herumwälzen müde, voller Schmerzen und vernebelt sind und eine weitere durchwachte Nacht befürchten oder wenn der Stress droht, Sie hinunterzuziehen, und Sie den Schlaf kostet.

KRÄFTE

Nidra ist nicht nur in der Lage, uns beim Meditieren zu begleiten, um Stress abzubauen und den Schlaf zu fördern, sondern hat auch die Fähigkeit, uns zu helfen, unsere geheimsten Wünsche zu offenbaren und uns mit Glück zu segnen. Ihre Kräfte, die friedlichen Schlaf gewähren, helfen, die Energien der Welt zu erhalten.

OPFERGABEN

Wasser, wegen seiner beruhigenden und reinigenden Fähigkeiten, ist das meist geschätzte Geschenk für diese Göttin, so wie ein sauberer Altar, auf den Sie dieses stellen. Sanfte Musik, ein stilles Gebet, das das heilige Geschenk des Schlafes ehrt, und Dankbarkeit für Ruhe und Erneuerung helfen dabei, eine solide Verbindung mit dieser Göttin zu knüpfen.

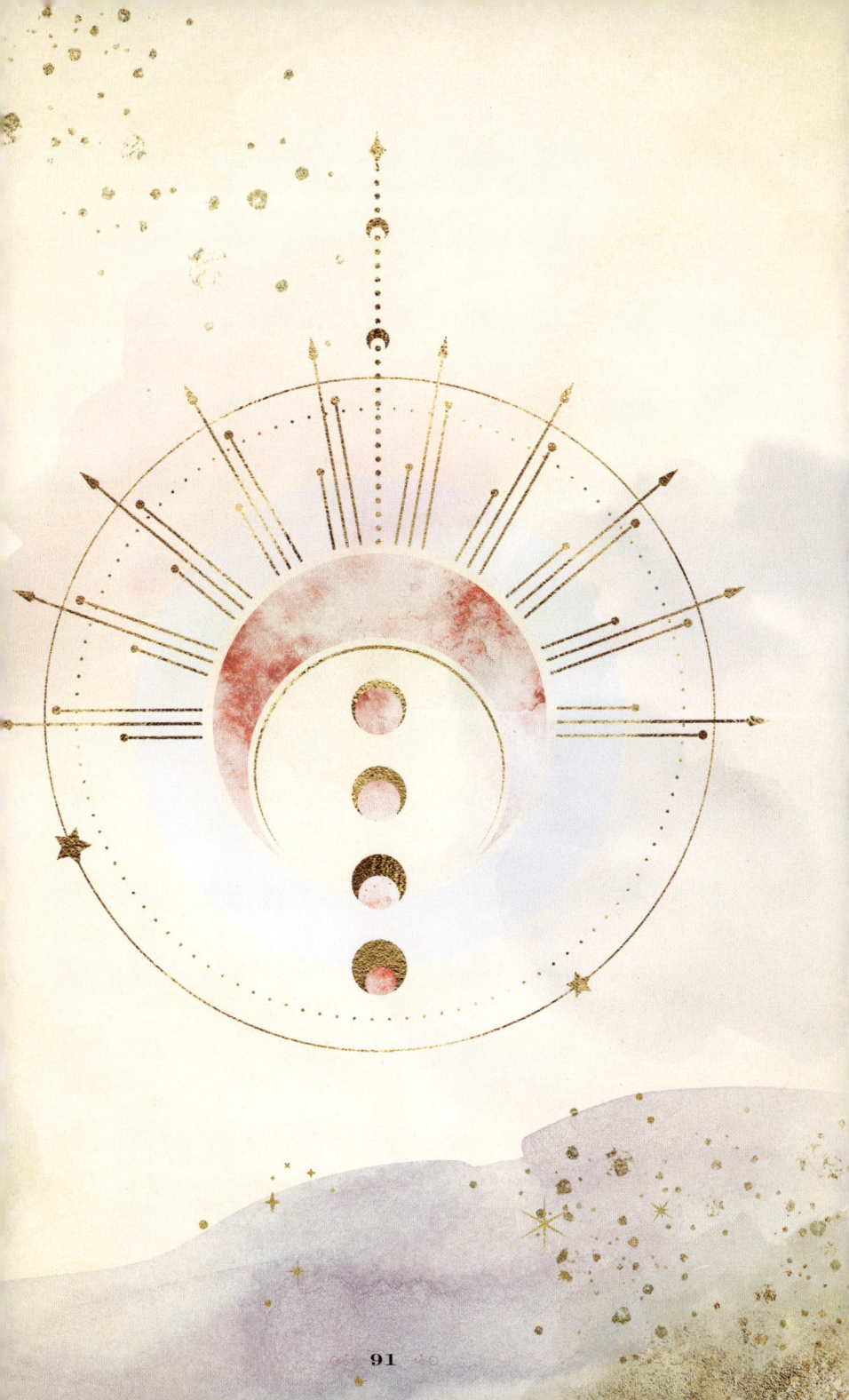

Pachamama, Göttin des Überflusses aus den Anden

Göttinnen des Überflusses, Vermögens und Wohlstands

Wir alle brauchen hie und da etwas Hilfe in den Bereichen des Vermögens, des Geldes und des Glücks. Diese Göttinnen können Sie auf dem Weg zu einem ergiebigeren, erfolgreicheren Aussicht begleiten. Sie helfen, Seele, Körper und Brieftasche zu füllen.

Die Göttinnen hier sind mit großen Reichtümern und vielen anderen Werten ausgestattet. Sie verteilen großzügig Zeit, materielle Güter und Geist. Ihre Energien geben mit Leichtigkeit Segnungen für Wohlstand und Glück. Sie werden auch Ihre Großzügigkeit um ein Vielfaches erwidern.

Die Geschenke dieser Göttinnen können neben Geld viele Dinge in ihrem Leben vermehren. Sie bieten unter anderem Liebe, Schutz, Hoffnung, Freude, Freiheit und fruchtbare Energie. Seien Sie nicht selbstsüchtig, wenn Sie mit diesen Göttinnen verhandeln. Sie sind zwar großzügig und freundlich, erwarten jedoch Verehrung und Dankbarkeit als Gegenleistung.

FEIERN SIE DIE GÖTTIN

Freuen Sie sich über neue Freundschaften und feiern Sie die Göttin. Ehren Sie ihren Feiertag, arbeiten Sie mit ihren Symbolen, oder noch besser, schätzen Sie ihren Gesichtspunkt mit diesen Tipps und Fakten.

Perchta (germanisch), Seite 96

Perchta wird zwischen der Wintersonnenwende, im Allgemeinen dem 21. Dezember, bis zu Neujahr mit einem „Mutter-Essen" gefeiert. Die Arbeit im Haus ruht und es wird ihr zu Ehren Fischsuppe serviert. Lassen Sie die Hausarbeit stehen und bestellen Sie ein Essen als Geschenk für Perchta.

Fortuna (römisch) / Tyche (griechisch), Seite 97

Der 24. Juni ist der Tag des Festes „Fors Fortuna", das die Magie dieser Göttin verdoppelt. Bringen Sie einen traditionellen Toast mit Wein auf sie an und zählen Sie die Segnungen.

Lakshmi (Hindu), Seite 98

Göttin Lakshmi wird während des jährlichen Diwali, dem Fest des Lichtes, gefeiert. Lassen Sie sich ein warmes Bad ein, umgeben Sie sich mit Kerzenlicht und feiern Sie mit einem entspannenden Göttinnen-Bad. Ziehen Sie dann Ihr schönstes Kleid an und gehen Sie aus.

Pachamama (Andenregion), Seite 100

Am 1. August feiert man die Fülle von Pachamama. Kochen Sie etwas mehr und laden Sie Pachamama ein, mit Ihnen zu feiern.

Rosmerta (keltisch), Seite 101

Imitieren Sie Rosmertas großzügiges Symbol des überbordenden Füllhorns und stellen Sie eine Schüssel mit frischem Obst auf Ihren Tisch. Bedanken Sie sich für den leichten Zugang zu Essen und sauberem Wasser.

Mithilfe der Göttin dehnt sich mein Herz –
wohin Ideen und Absichten fliehen.

Lasst Hand in Hand uns schmieden einen Plan,
durchdrungen von des Glückes Glühen.

Reichlicher Segen dringt in meine Träume,
auf fruchtbaren Boden wird er erblühen,

und widerhallen von des Lebens freudigen Liedern:
oben wie unten, ohne Mühen.

PERCHTA (GERMANISCH)

Die beliebte Göttin altgermanischen Ursprungs, deren Namen „hell" bedeutet, war die Göttin des Überflusses und Beschützerin des Waldes, der Tiere und der Babys und Kinder, insbesondere der ungetauften Seelen im Jenseits, die sie in ihrem schönen Garten umhegte. Man sagt, dass Opfergaben diese Göttin des Überflusses so sehr erfreuen, dass sie den Gefallen vielfach zurückgibt.

Ihr Name leitet sich von der Birke ab, zu der sie eine enge Verbindung hat, neben immergrünen Pflanzen, Stechpalmen, Flachs, Wiesenschaumkraut und wilden Beeren. Die Legende besagt, sie lebe mitten im Wald, wo ihr der Schnee Gesellschaft leistet. Sie wird oft als schöne Frau mit einem langen, fließenden Kleid und einem weißen Schleier, der ihr Gesicht bedeckt, dargestellt. Sie gilt als Dreifach-Göttin und kann die Gestalt einer Jungfrau, einer Mutter oder eines alten Weibes annehmen. Oft erscheint sie mit einem gänseartigen Fuß mit Schwimmhäuten, was zu der Theorie geführt hat, sie sei die ursprüngliche Mutter Gans gewesen. Man feiert sie am Julfest, einer Zeit, wo sie erscheint, um den kalten Winter zu vertreiben, Frauen für ihre harte Arbeit und brave Kinder mit Geschenken zu belohnen – und die schlimmen Kinder zu bestrafen.

Rufen Sie Perchta an, wenn ruhelose Geister der Vergangenheit gezähmt und zu ihrer letzten Ruhestätte gebracht werden sollen, damit Sie sich wieder dem Leben widmen können, oder wenn Ihr großzügiger Geist schwächer wird.

KRÄFTE

Perchtas Kräfte äußern sich in überschwänglicher Liebe und dem Schutz von Kindern sowie der Fähigkeit, Licht in dunkle Zeiten zu bringen. Sie anerkennt und belohnt gute Arbeit und gibt ihr erwiesene Großzügigkeit dreifach zurück.

OPFERGABEN

Perchta gefallen Dinge, die ihr vertraut sind wie Birkenzweige, alles Weiße, Bier und traditionelle Julfest- oder Weihnachtsgebäck. Dieses legte man ursprünglich als Gaben auf die Dächer, während sie auf der Wilden Jagd mit den Winden darüberflog und verlorene Seelen aufsammelte.

FORTUNA (RÖMISCH) / TYCHE (GRIECHISCH)

Fortuna stammt zwar aus der Zeit der Etrusker, wurde jedoch von den Römern herzlich im Pantheon aufgenommen. Wenn Sie das Glück gepachtet haben, ist Fortuna – die Glücksfee – auf Ihrer Seite. Historisch gesehen war sie als Wahrsagerin gesucht. Ihre Antwort wurde auf einem Stück Papier in einem Keks überbracht (Glückskeks gefällig?). Gerüchten zufolge war sie die Tochter Jupiters und erbte dessen fruchtbare Eigenschaften. Ihre Symbole sind Füllhorn und Glücksrad. Ihr römischer Tempel wies einen hufeisenförmigen Altar auf.

Wenn Sie mit Fortuna arbeiten, sollten Sie sich ihre Großzügigkeit und ihre Fähigkeit, Wohlstand und Überfluss zu schenken, zunutze machen. Fortuna wird vor allem von Müttern verehrt, denn sie ist besonders hilfreich beim Stärken von fruchtbaren Energien. Wenn Sie wünschen, kann sie Ihnen auch helfen, die Zukunft vorherzusagen – aber hüten Sie sich vor den Launen des Schicksals, denn ein glückliches Ende ist nicht immer garantiert und Fortuna will gern die Kontrolle über das Schicksal behalten.

KRÄFTE

Glück, Gelegenheiten, Reichtum und Wohlstand sowie Weissagung heißen die Spiele der Fortuna. Was ihre Kräfte des Überflusses betrifft, ist Fortuna besonders großzügig zu jenen, die sie schätzt.

OPFERGABEN

Fortuna lächelt, wenn man ihr Opfergaben darbringt, doch besonders gern mag sie Hufeisen, Milch und Honig, runde Kekse in der Form des Glücksrades und ein gutes Pokerspiel zu ihren Ehren.

LAKSHMI (HINDU)

Die Hindu-Göttin Lakshmi, Partnerin von Vishnu, ist die Göttin des Über-flusses, des Reichtums und des Wohlstands. Man sagt, sie sei auf einer Lotosblüte sitzend aus einem Ozean aus Milch aufgetaucht, auf der Suche nach dem Nektar der Unsterblichkeit. Lakshmi ist schön, reich, freund-lich und großzügig und wird oft mit vier Armen dargestellt, die den dem Leben innewohnenden Werten entsprechen – *artha*, Sparsamkeit; *kama*, Freude; *dharma*, Ehre und *moksha*, Freiheit –, deren Erreichen wahre Erfüllung verspricht. Sie sitzt auf einer Lotosblüte, deren Botschaft es ist, weltlichen Reichtum durch spirituellen zu ersetzen. Die Münzen, die aus ihren Händen fließen, symbolisieren Glück und Reichtum, die denjenigen zukommen sollen, deren Häuser sie besucht.

Rufen Sie Lakshmi an, wenn Sie Hilfe brauchen, um ihre Absichten festzulegen, die aus einem wahren Herzen kommen und mit echtem Verlangen angestrebt werden sollen. Für unmittelbar bevorstehende Be-lange, wie an einem Tag, an dem Sie spielen wollen, oder auch an jedem anderen Tag, an dem Ihr Glücksbrunnen ausgetrocknet zu sein scheint, beschwören Sie Lakshmis Namen für ein wenig Glück.

KRÄFTE

Lakshmi fördert geistigen wie auch materiellen Reichtum und vermehrt das Vermögen durch ehrenhafte Mittel. Laden Sie sie in Ihr Reich ein, sowohl, um ihr Glück aufzubessern, als auch, um finanziell belohnt zu werden. Ihr Schönheit erstrahlt einerseits wegen ihres großzügigen Geistes, andrerseits wegen ihrer gütigen Seele. Bitten Sie um ihren Segen, wenn Ihre Welt ein wenig mehr Schönheit und Anmut brauchen könnte.

OPFERGABEN

Stellen Sie an einem Freitag, dem Tag ihrer Verehrung, ein Zaubergefäß neben einem Bild von Lakshmi, falls Sie eines besitzen, auf den Altar. Legen Sie vier Tage hintereinander vier Münzen in das Gefäß, nehmen Sie sich einen Moment Zeit, um Lakshmi für ihre Großzügigkeit zu danken und sich den Reichtum, den Sie sich wünschen, vorzustellen. Bauen Sie ihr zu Ehren einen schönen Altar mit roten Kristallen, Blumen oder Kerzen (wegen der roten Seidenrobe, die sie trägt). Legen Sie Lotossamen oder Lotostee in ein Gefäß und stellen Sie dieses neben der Staue oder dem Bild Lakshmis auf. Auch besondere Geschenke, die Ihnen speziell am Herzen liegen, werden von ihr geschätzt.

PACHAMAMA (ANDENREGION)

Pachamama, Mutter der Erde und Göttin des Überflusses, die die Gestalt eines Drachen annahm und in den Bergen lebte, wird sowohl von den Andenvölkern als auch von den Inkas verehrt. Sie verkörpert die Gesamtheit des Göttlich-Weiblichen und kümmert sich um Fragen der Fruchtbarkeit, der Ernte und des Überflusses. Sie repräsentiert das Universum in seiner Gesamtheit, einschließlich der Zeit. Ihre Fruchtbarkeitskräfte sind lebenswichtig für eine reiche Ernte, damit das Volk ernährt wird. Sie liefert alles, was zur Erhaltung des Lebens notwendig ist. Als Beschützerin bewahrt sie vor geistigem und materiellem Schaden, doch man muss sie respektieren und verehren, um die schützende Beziehung aufrechtzuerhalten. Ihre Verehrer glauben, dass Erdbeben die Antwort Pachamamas seien, wenn sie sich beleidigt fühlt oder keine Dankbarkeit empfängt, weil Menschen das Erdreich nicht respektieren.

Da Pachamama alles gibt, was man zum Leben braucht, kann man sie für alle Anliegen anrufen, doch wie bei allen Wünschen müssen diese aus dem Herzen kommen und mit dem Leben im Einklang sein. Rufen Sie Pachamama vor allem dann an, wenn Sie Nahrung benötigen, sei es auf geistiger, psychischer, familiärer oder körperlicher Ebene.

KRÄFTE

Pachamamas größte Macht ist es, Leben zu schaffen, zu bewahren und zu unterstützen. Ihre Kräfte sind wandelbar, doch beim Feiern der Gaben geht es um die Einheit mit der Erde. Sie selbst ist Lebensspenderin und hilft uns, jene zu ehren, die Leben spenden. Ihre Weisheit erlaubt uns, unseren Platz im Kosmos zu erkennen und ihn für künftige Generationen besser zu schützen.

OPFERGABEN

Ein paar Tropfen Bier oder Wein, auf die Erde gesprenkelt, um sie zu nähren, sind eine traditionelle Gabe an Pachamama. Sie können Ihre heiligen Wünsche mit allen Elemente der Erde zu Ehren Pachamamas begleiten; üblich sind Nahrung und Bier. Verbinden Sie sich mit der Erde in einer Art und Weise, die Sie vielleicht vernachlässigt haben – schwimmen Sie in einem Teich, laufen Sie barfuß durch das Gras, pusten Sie Löwenzahnsamen mit Wünschen in den Wind oder rösten Sie Marshmallows über einem Lagerfeuer; all das sind Ideen, um die Elemente Wasser, Erde, Luft und Feuer in ihrem Namen zu feiern. Als Symbol für neues Leben pflanzen Sie einen Baum.

ROSMERTA (KELTISCH)

Diese mächtige Göttin des Überflusses, der Fruchtbarkeit, des Wohlstands und des Wohlergehens war bekannt als große Versorgerin. Sie wurde trotz ihres keltischen Ursprungs weithin verehrt und später sogar von den Römern adoptiert. Sie trug einen Korb mit Früchten oder ein überquellendes Füllhorn, eine Opferschale und eine Schöpfkelle, die uns ihre großzügige Natur und ihre Rolle als Wohlstandsbringerin verdeutlichen sollen. Rosmerta wird oft mit einem Butterfass dargestellt, das so wie der keltische Kessel als Symbol für Überfluss, Nahrung und Verwandlung gilt.

Rufen Sie Rosmerta an, um eine reiche Ernte in allen materiellen Dingen, in die Sie investiert haben, einzufahren – Geschäfte, Wohltätigkeit, Gartenarbeit, Geldgeschäfte, Familienglück und mehr.

KRÄFTE

Rosmerta, die große Versorgerin, bietet denjenigen, die sie verehren, unendliche materielle Unterstützung in jeder benötigten Form. Sie besitzt auch heilende Kräfte und hat Einfluss auf die Erde, um reiche Ernten hervorzubringen, sodass alle ernährt werden können.

OPFERGABEN

Rosmerta schätzt besonders Quellwasser, da viele ihrer Heiligtümer mit Heilquellen in Verbindung stehen, sowie frisches Obst und Gemüse.

Spinnenfrau, Göttin der Schöpfung der amerikanischen Ureinwohner

Göttinnen der Weisheit und des Wissens

D ie Göttinnen hier besitzen die Flammen der ewigen Weisheit und des Wissens – vom Anbeginn der Schöpfung bis in die Antike – und teilen gerne ihr Wissen mit Ihnen.

Das sind Göttinnen, deren Kräfte über alles herrschen und deren Wissen umfangreich und breit gestreut ist – sie repräsentieren das ursprüngliche MINT-Team (Mathematik, Informatik, Naturwissenschaft und Technik) und schließen Kunst und Magie mit ein. Sie können heilen, nähren, leiten, beschützen, lehren und helfen, zu überleben. Wenn das Leben Sie an einen Scheideweg führt, helfen sie Ihnen, sich für einen der Wege zu entscheiden. Sie kennen Kräuter, Magie und Medizin; ihre Reiche sind Bücher, Gebäude und Zivilisationen. Ihre Energien sind weniger emotional, sondern eher sachlich. Sie ehren Vergangenheit, Gegenwart und Zukunft. Und auf dem Weg dorthin werden Sie auch einige Lektionen in Verhalten bekommen.

Wenn Sie mit diesen Göttinnen arbeiten, baden Sie in Ihren heiligen Wassern, hören Sie auf ihre weisen Ratschläge und lernen Sie aus Ihren Fehlern.

Seien Sie dankbar für die Zeit und das möglicherweise abgewendete Unheil und geben Sie etwas zurück, indem Sie Ihr Wissen an andere weitergeben und damit helfen, deren Träume zu verwirklichen. Vor allem anerkennen Sie die Talente Ihrer Ahnen, danken Sie ihnen und lassen Sie andere an Ihrem Wissen und Ihrer Weisheit teilhaben, auf dass die Zukunft heller strahle.

FEIERN SIE DIE GÖTTIN

Freuen Sie sich über neue Freundschaften und feiern Sie die Göttin. Ehren Sie ihren Feiertag, arbeiten Sie mit ihren Symbolen, oder noch besser, schätzen Sie ihren Gesichtspunkt mit diesen Tipps und Fakten.

ANAHITA (PERSISCH/ ANAITIS (GRIECHISCH), SEITE 106

Ihr kultähnlichen Status bringt Anahita die verdiente Verehrung. Reinigen, segnen und schmücken Sie Ihren Altar dementsprechend.

SPINNENFRAU (INDIGEN AMERIKANISCH), SEITE 107

Als Meisterin der Weberei würde sich die Spinnenfrau geehrt fühlen, wenn Sie die Künste der Fäden wie das Häkeln, Stricken, Klöppeln, Weben oder Sticken erlernen oder ausführen.

HEKATE (GRIECHISCH), SEITE 108

Jeder Neumond eignet sich, Hekate anzurufen. Das Esbat-Fest zu Samhain am 31. Oktober, dem Neujahrstag der Hexen, ist die beste Gelegenheit. Nehmen Sie mit entfernten lieben Menschen Verbindung auf, oder ehren Sie die Verstorbenen. Arbeiten Sie ehrenamtlich in einem Tierheim, denn Hekate liebt Hunde. Räumen Sie Ihre Schränke aus und lassen Sie einfach los!

SESCHAT (ÄGYPTISCH), SEITE 110

Seschat ist die Göttin des Schreibens – schreiben Sie einen Brief an jemanden, den Sie lieben. Um sie als Göttin des Bauens zu ehren, errichten Sie etwas: Spielen Sie Lego mit Ihren Kindern, basteln Sie Modellautos oder -flugzeuge, bauen Sie ein Kartenhaus, eine Sandburg, oder was immer Ihnen in den Sinn kommt, und bedanken Sie sich für das Wissen, dass Sie dazu imstande sind.

SNOTRA (NORDISCH), SEITE 112

Begehen sie das Esbat-Fest Mabon zur herbstlichen Tagundnachtgleiche rund um den 21. September und feiern Sie Ernte und Gastfreundschaft. Geben Sie eine Party oder machen Sie einfach jemandem eine Freude.

SOPHIA (GRIECHISCH) / HOKMAH (HEBRÄISCH) / SAPIENTIA (LATEINISCH), SEITE 113

Sophia ist Mutter des Glaubens, der Hoffnung und der Nächstenliebe. Die beste Art, sie als Mutter zu ehren, ist, ihren Kindern Anerkennung zu erweisen. Seien Sie wohltätig im Glauben und der Hoffnung, dass auch andere Gutes tun.

Der Göttin scharfer Sehsinn
macht Dunkelheit zu Licht,

Heb deine Flügel hoch in die Luft,
des vollen Mondes Schein versäume nicht.

Die Weisheit kommt mit Stärke, zu wissen,
wann das Erzählen Freude macht,

Süße Worte flüstern und halten wahr und recht,
mit der Brise sanfte Wacht.

Sie schwebt so glitzernd und so leise,
dass nicht ein Laut zu hören ist,

Hilf mir, hinauszusehen über Bäume,
auch wenn das Licht verschwunden ist.

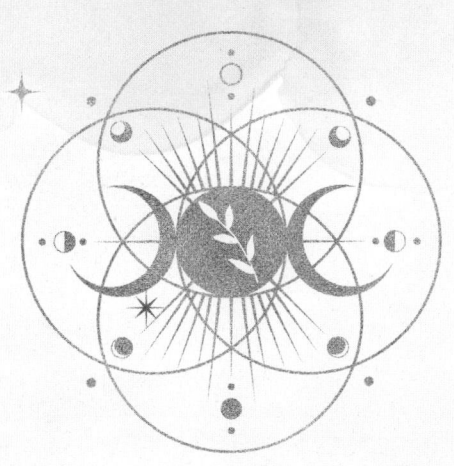

ANAHITA (PERSISCH) / ANAITIS (GRIECHISCH)

Anahita, auch die Unbefleckte genannt, ist eine Wasser-Göttin der Weisheit und Fruchtbarkeit. Sie teilt wie viele der mächtigen und tief verehrten Göttinnen Eigenschaften mit Göttinnen anderer Kulturen wie Inanna und Venus. Vermutlich war sie ursprünglich ein und dieselbe Göttin wie Saraswati und wird ebenfalls als Große oder Muttergöttin verehrt. Ihr erhabener Status könnte darauf zurückzuführen sein, dass man sie als Tochter des Ahura Mazda, des großen Schöpfers, ansieht. Anahita ist die Quelle allen Wassers der Erde, woraus die Weisheit fließt – sie bringt Heilung, Reinigung und selbst das Leben mit sich. Ihre Weisheit erwies sich als besonders nützlich, um Siege in der Schlacht zu erringen, deshalb baten Soldaten sie oft um diesen Gefallen. Sie ist natürlich auch schön und goldgeschmückt. Ihr Wagen wird von vier weißen Pferden gezogen: Wolke, Hagel, Regen und Wind.

Rufen Sie Anahita an, um den chaotischen Geist zu klären und zu säubern, sodass Weisheit einziehen kann. Sie ist besonders hilfreich, wenn Sie sich im Wettbewerb befinden, wo Strategie zum Siege führt, und in Situationen, in denen ein fruchtbarer Boden für neue Ideen bereitet werden soll.

KRÄFTE

Anahita herrscht über heilende Wasser, Weisheit – eng mit Wasser verbunden – sowie Fruchtbarkeit und ist Hüterin der Frauen und deren Gesundheit. Als königliche Göttin segnet sie uns mit der Macht der Selbstachtung und der Erlaubnis, unsere innere Göttin zu feiern. Da die Fruchtbarkeit ihr höchstes Gut ist, ruft sie überall, wo sie erscheint, neue Gelegenheiten hervor, wobei sie hilft, diese weise zu nutzen.

OPFERGABEN

Sauberes Wasser ist die bedeutendste Gabe an Anahita. Dazu gehört auch, dass Sie Ihren Teil dazu beitragen, die Wasserquellen der Erde sauber zu halten und nicht zu verschwenden. Rosen, besonders weiße, die Sie ihr zu Ehren oder aus Dankbarkeit für ihren Segen auf den Altar legen, sind eine schöne Geste.

SPINNENFRAU (INDIGEN AMERIKANISCH)

Die Spinnenfrau ist bei verschiedenen Stämmen der amerikanischen Ureinwohner, besonders im Südwesten der USA, eine weise und nährende Figur, die die Geschichte der Schöpfung und der Zeit webt. Sie beschützt alles, was sie erschaffen hat, darunter auch Sonne und Mond. Sie spannt den Bogen zwischen Anbeginn der Schöpfung und der Weisheit der alten Welt und wird deshalb sowohl als Erdgöttin als auch als Göttin in Form eines alten Weibes gesehen. Man zollt ihr Respekt als Lehrerin – sie pflanzt an, webt und töpfert – und wird für ihr Wissen und ihre Überlebenskunst verehrt. Die Verflechtung der Fäden ihrer Welt dient als Metapher für das magische Leben: Man kann nicht einen Teil davon berühren, ohne einen anderen zu beeinflussen, da sich die Energiewellen durch das Netz bewegen. Man sollte nur mit positiven Absichten handeln.

Rufen Sie die Spinnenfrau an, wenn das Schicksal entschieden scheint, Sie jedoch einen anderen Weg einschlagen möchten. Suchen Sie ihren Rat, wenn Sie mit neuen Anfängen konfrontiert sind, und profitieren Sie von ihrer Geduld, um bis zum Ende durchzuhalten und Ihre Träume zu verwirklichen. Denken Sie daran, dass es Unglück bringt, wenn man eine Spinne tötet – ihre Erscheinung ist vielleicht ein Zeichen dafür, dass die Spinnenfrau ein schützendes Netz um Sie spannt.

KRÄFTE

Die Spinnenfrau steht für Führung, Wohlwollen, Kreativität, Mut und Überleben. Die Kraft ihres Gesanges erweckte ihre Gedanken – und die Welt – zum Leben. Ihre Lehren sind praxisbezogen und ihr Geist unbezwingbar.

OPFERGABEN

Angemessene Gaben, um mit der Spinnenfrau zu arbeiten sind Maismehl, Stücke von Fäden, Wolle oder gewebte Materialien, Lieder, saubere Erde oder ein handgetöpfertes Gefäß auf dem Altar. Halten Sie inne, um die komplexe Schönheit eines Spinnennetzes im Sonnenlicht zu betrachten, und danken Sie ihr für alle Geschöpfe auf der Erde.

HEKATE (GRIECHISCH)

Hekate war eine Dreifach-Göttin des Mondes und der Nacht, der spirituellen Welt, der Magie und der Scheidewege – sowohl symbolisch als auch real. Als Hüterin des letzten Weges, der Grenze zwischen Leben und Tod, kann Hekate auch Botschaften zwischen den Geistern und den Lebenden übermitteln. Sie ist zu Gutem und zu Bösem fähig und sie verfügt über Leben und Tod.

Hekate wird in der Regel mit drei Köpfen dargestellt, so kann sie zugleich in drei Richtungen schauen – Vergangenheit, Gegenwart und Zukunft. Andere Erscheinungsformen der Dreifach-Göttinnen wie Hekate sind Diana und Selene als Jungfrau, Mutter und altes Weib und der zunehmende, volle und abnehmende Mond. Der 13. August ist der Tag der Hekate.

Als altes Weib und Hundeliebhaberin wird die Göttin des abnehmenden Mondes und des Neumondes oft mit einer Fackel dargestellt – ein Symbol für ihre große Weisheit. Sie setzte ihr immenses Wissen und ihre magischen Kräfte zum Wohle jener ein, die ihre Hilfe erbaten, und wegen der magischen Fähigkeiten und ihres Wissens über Heilkräuter ist sie besonders beliebt bei den Hexen.

Oft wird sie auch mit Eingängen in Verbindung gebracht; man dachte, das Aufstellen eines Schreins oder Opfergaben ihr zu Ehren an einem Eingang – sei es zu einem Gebäude oder einer Stadt – würde die bösen Geister daran hindern, einzudringen.

Die Nacht und die Zeit des abnehmenden Mondes sind am besten geeignet, um Hekate anzurufen. Erbitten Sie ihre Hilfe bei Ihrer magischen Arbeit. Ihre Weisheit ist besonders erhellend, wenn es Zeit ist, ausgetretene Pfade zu verlassen und einen neuen Weg zu einem Ziel zu beschreiten. Sie kann Sie dabei unterstützen, die Vergangenheit zu ehren, während Sie in der Gegenwart leben und die Zukunft planen. Sie kann Sie von Ihren bösen Geistern befreien, Ihren Sieg in einer Schlacht sichern helfen und Heim und Herd beschützen. Wenn Sie einem Hund begegnen oder einen bellen hören, ist das ein Zeichen, dass Hekate Ihr Flehen erhört.

KRÄFTE

Hekate ist ungeheuer mächtig. Ihre Weisheit ist tief und ihr Wissen umfassend. Sie ist besonders begabt für Magie, wird aber auch verehrt für ihr Wissen und Geschick in der Kräuterheilkunde. Wenn Sie Hekate anrufen, werden die Energien und Schwingungen ihres Raumes sofort stärker.

OPFERGABEN

Bringen Sie ihre Geschenke und Opfergaben bei Nacht dar. Käse, Brot und Eier sowie Hundefutter sind ein traditionelles „Abendmahl" für Hekate. Sie sollten Sie ihr zu Ehren an Eingängen oder Kreuzungen ablegen. Knoblauch, Lavendel, Honig und Weidenzweige (ihr traditioneller Reisigbesen war aus Weidenzweigen gebunden) werden Hekate auch gefallen.

SESCHAT (ÄGYPTISCH)

Seschat, Göttin der Weisheit, der Bibliotheken, der Schrift und der Maßeinheiten, herrschte über die Bücher und führte als Göttin Buch über alle
Aspekte des Lebens der alten Ägypter. Sie war Tochter des Thoth (manchmal wird er auch als Ehemann und Gegenspieler oder Bruder oder beides
angegeben!), Gott der Weisheit und der Zeit, und der Maat, Göttin der Wahrheit, Gerechtigkeit und kosmischen Ordnung. Seschat soll ihre außergewöhnlichen Fähigkeiten in Bezug auf Maßeinheiten genützt haben, um den
Pharaos beim Bau ihrer prächtigen Tempel zu helfen. Diese Tempel waren
alle auf den Himmel ausgerichtet, um den Segen der Götter zu empfangen – mithilfe der Zeremonie des Schnurspannens, mit der die Fundamente
genau vermessen und gelegt wurden. Infolgedessen wird sie auch mit Mathematik und Astrologie in Verbindung gebracht. Außerdem war sie noch
Wächterin des Tores zum Jenseits, wo sie den Verstorbenen die nötigen
Dokumente für einen sicheren Übertritt übergab. Sie war die Verkörperung
von Effizienz, Erstellen von Listen und Genauigkeit. Häufig sieht man sie
mit einem Palmenzweig, auf dem sie die abgelaufene Zeit einkerbt.

    Obwohl sie besonders für Architekten von Bedeutung ist, kann Seschat
für alle Belange, die präzise Messungen und genaue Ergebnisse erfordern,
von großer Hilfe sein. Rufen Sie sie an, um Ihre Bibliothek zu Hause zu segnen oder bei einem Buchhaltungskurs zu helfen. Ihr Geschick beim Führen

von Listen kann Ihr Organisationstalent und Effizienz verbessern. Ihre Beobachtungsgabe bei der Aufzeichnung von Fakten wird Ihnen helfen, eigene Beobachtungen neutral und unvoreingenommen zu machen.

KRÄFTE
Als Göttin der Weisheit und des Wissens verfügt Seschat über nützliche und praktische Fähigkeiten sowie über die Macht, Pharaonen Unsterblichkeit zu verleihen, indem sie deren Namen in den Baum des Lebens einschreibt, und sie ehrt das Andenken an Verstorbene durch das Aufzeichnen der Lebensgeschichten.

OPFERGABEN
Zu den speziellen Opfergaben für Seschat zählen Tagebücher, Papier, Schreibfedern, Stifte – eigentlich jede Art von Büchern oder Schreibgeräten. Besonders freut sie sich über etwas von Ihnen Geschriebenes, vor allem Aufzeichnungen über Ihre Vorfahren.

SNOTRA (NORDISCH)

Snotra ist die Göttin des Lernens, der Weisheit und der Gastfreundschaft, insbesondere der Traditionen, der Sittsamkeit und des Benehmens. Snotra hilft neuen Göttinnen, ihre Rollen einzunehmen, und versucht überall, wo sie hinsieht, etwas zu lernen. Sie sammelt die Geschichten ihrer Vorfahren, um daraus zu lernen und ihr Erbe fortzuführen. Sie sieht in allen das Gute, unabhängig der Herkunft und weiß, dass wir alle verborgene Lasten tragen, die ein freundliches Wort leichter machen kann. Respektlosigkeit gegenüber anderen oder fremden Eigentum mag sie gar nicht. Sie ist dafür bekannt, auf Berggipfeln Steinhaufen zu errichten, mit Steinen, die sie von unten nach oben trägt.

Snotra kann besonders bei Zusammenkünften hilfreich sein, bei denen die Leute einander vielleicht nicht kennen – Hochzeiten, Geschäftstreffen, Partys jeder Art und beim Kennenlernen neuer Kollegen. Sie ist die typische Eisbrecherin, die möchte, dass sich alle schnell und gut verstehen. Sie sorgt dafür, dass alle Gläser mit Lob gefüllt sind, und hält die Konversation in Gang.

KRÄFTE

Snotra sorgt dafür, dass jeder sich wohl fühlt, und führt jeden mit Leichtigkeit durch unbekanntes Terrain. Ihre Weisheit vermittelt sie den Lebenden und ehrt dabei die Lehren ihrer Vorfahren. Sie lässt Lasten und böse Geister aus Ihrem Leben verschwinden.

OPFERGABEN

Snotra schätzt all Ihre Bemühungen, damit Gäste sich in Ihrem Haus willkommen fühlen. Mit vorzüglichem Benehmen nimmt sie alle Geschenke oder Opfergaben an. Ehren Sie Ihre Vorfahren. Lernen Sie ein paar Worte in einer fremden Sprache, damit ein anderer sich anerkannt fühlt. Stellen Sie kleine Steinhaufen oder Kristalle auf Ihren Altar – und errichten Sie einen Altar in Form eines gut gefüllten Bücherregals.

SOPHIA (GRIECHISCH) / HOKMAH (HEBRÄISCH) / SAPIENTIA (RÖMISCH)

Sophia ist die gnostische Göttin der Weisheit – die Quelle von Weisheit und Wissen – und erhellt alle, die sie darum bitten. Sie ist liebevoll, freigiebig, wahrhaftig und beschützend, aber auch gerecht. Verehrt als Mutter des Universums, repräsentiert sie das Göttlich-Weibliche. Sie wird abwechselnd mit einem Gott als Mitschöpferin gesehen oder von diesem verbannt und verborgen vor jenen, die mit ihr kommunizieren wollen, es sei denn, Sie suchen sie mit wahrem Herzen.

Wenn Sie sich einen Augenblick Zeit nehmen, um die Unruhe in Ihrem Kopf zu besänftigen, und ihren weisen und liebevollen Worten wirklich zuhören, werden Sie aufblühen; ignorieren Sie sie, ist es auf eigene Gefahr. Mit Sophia müssen Sie die Wahrheit nicht fürchten – sie stärkt uns und verleiht uns die Weisheit, aufmerksam zuzuhören und die Wahrheit in der Zweideutigkeit zu finden. Glaube, Hoffnung und Wohltätigkeit sind ihre Töchter und gemeinsam mit ihr verkünden sie die Wahrheit um jeden Preis, wenn es das ist, was Sie glauben und was Sie für richtig halten. Ihr Symbol ist die Taube.

Rufen Sie Sophia an, wenn Wissen und Wahrheit gemeinsam Ihre Welt stärken und ihre Absichten festigen sollen. Suchen Sie sie, wenn die Angst vor dem Unbekannten Sie abhält, etwas zu unternehmen. Sie kann Ihnen mit Wissen den Weg erhellen sowie Angst und Unwahrheiten unterwegs fernhalten. Beschwören Sie ihre Standhaftigkeit, um Ihre Ziele zu erreichen.

KRÄFTE
Sophia hat die Weisheit der Jahrhunderte, gemildert durch Mitgefühl und Glauben, im kleinen Finger. Sie verkörpert die weibliche Macht und ist imstande, viel aus wenig zu erschaffen. Ihre Herrschaft über die Rechtschaffenen und die Gerechten, in Verbindung mit ihrer Weisheit, bedeutet Wohlstand für alle, die ihren Wegen folgen.

OPFERGABEN
Ihre Anwesenheit ist ein Geschenk für Sophia. Doch seien Sie wachsam, denn man weiß nie, wo man sie findet. Sophia heißt alles willkommen, was mit Lernen (Bücher) oder der Schöpfung zusammenhängt (Künste, Gartenarbeit, Essen, Schreiben), ebenso wie Großzügigkeit gegenüber anderen im Namen ihrer Töchter. Bilder von Tauben auf dem Altar helfen, Sophia anzurufen.

Tara, Hindu-Göttin der mütterlichen Liebe und des Schutzes

Göttinnen der Stärke und des Schutzes

D as göttliche Reich ist voll furchtloser, mutiger, mächtiger und beschützender Verbündeter. Einige setzen auf pure Stärke und Geschwindigkeit bei der Erfüllung der Aufgaben, andere auf Diplomatie oder anspruchsvolle Reputation. Wir stellen zwar nur einige wenige der mächtigen Göttinnen vor, die Sie vielleicht kennenlernen möchten, doch diese repräsentieren alles Gute und Starke an weiblicher Liebe und Weisheit, wenn man sie dazu nützt, geliebte Menschen zu bewachen und zu beschützen.

Wie alle Göttinnen, Sie eingeschlossen, können auch diese von widersprüchlicher Natur sein. Sie sind unabhängig und freigeistig in ihrer Einstellung zum Leben – und wie erwartet wild entschlossen, alles, was sie lieben und beherrschen, zu beschützen, wobei sich diese Leidenschaft auf alle Bereiche des Lebens ausdehnt. Sie sind Kriegerinnen, Diplomatinnen, Aktivistinnen für soziale und kulturelle Veränderungen und Wächterinnen des Friedens. Man findet viele Gemeinsamkeiten mit der unsterblichen Kraft und dem intuitiven Schutz der Muttergöttinnen, einschließlich der Liebe und des Mitgefühls.

Sie können Negativität vertreiben, Frieden bewahren und böse Geister fernhalten. Sie begleiten Sie während harter Arbeit und feiern mit Ihnen Ihre Erfolge. Sie beschützen Sie auf Ihrer Lebensreise und darüber hinaus. Arbeiten Sie mit diesen Göttinnen, um alles zu schützen, was Ihnen lieb ist, und verwirklichen Sie Ihre Träume mithilfe ihrer Kraft.

FEIERN SIE DIE GÖTTIN

Freuen Sie sich über neue Freundschaften und feiern Sie die Göttin. Ehren Sie ihren Feiertag, arbeiten Sie mit ihren Symbolen, oder noch besser, schätzen Sie ihren Gesichtspunkt mit diesen Tipps und Fakten.

Artemis (griechisch) / Diana (römisch), Seite 119

Am 13. August findet das Fest der Nemoralia zu Ehren Dianas statt. Es gehört zu den Ritualen, sich die Haare zu waschen und sie dann mit Blumen zu schmücken. Baden Sie bei Vollmond (auch in der Badewanne) und probieren Sie eine neue Frisur, um mit dieser Göttin in Verbindung zu treten.

Bastet/Bast (ägyptisch), Seite 120

Die frühesten Darstellungen zeigen Bastet als Löwin; erst später verwandelte sie sich in die zahme Version der Hauskatze. Alle Katzenliebhaberinnen sollten sich über die Gelegenheit freuen, sich mit Bastet in der Sonne zu aalen und ihre Krallen zu schärfen.

Durga (Hindu), Seite 122

Durga Puja, ein mehrtägiges Fest des Hinduismus, feiert den Sieg des Guten über das Böse mit Zeremonien, Gebeten, Gesängen und dem Bau von Pandalen – reich dekorierten Pavillons zur Verehrung von Durga. Lassen Sie sich inspirieren und organisieren Sie eine Nachbarschaftsparty zu Ehren von Durga und deren göttlichen Freundinnen.

Dame Xian (chinesisch), Seite 124

Diplomatie ist Dame Xians stärkste Waffe, deshalb bitten Verehrerinnen um ein glückliches, langes Leben, Frieden und Hoffnung auf Freundschaft auf der ganzen Welt. Lächeln Sie einem Fremden zu, finden Sie neue Freunde oder machen Sie jemanden in ihrem Namen ein Kompliment.

Nike (griechisch) / Victoria (römisch), Seite 125

Diese große Göttin wird am 12. April gefeiert. Ehren Sie ihre Gaben der Kraft und Schnelligkeit: gehen Sie laufen, spazieren, Rad fahren, schwimmen ... tun Sie es einfach!

Tara (Hindu) / Sgrol-ma (tibetanisch-buddhistisch), Seite 127

Tara ist die Personifikation der mütterlichen Liebe und des Schutzes. Ehren Sie alle ihre 21 Aspekte mit Umarmungen – und rufen Sie Ihre Mutter an!

Oh Göttin, Herrscherin des Reichs der Leidenschaft, Stärke
und des furchtlosen Mutes, ich bitte Dich:

Vertreibe die drohenden Wolken vom Himmel
und zähme die Winde der Veränderung –

Vorhergesagt durch sich verändernde Energien,
deren Kräfte den Regen zurückdrängen.

Beschütze mich vor den Stürmen des Lebens,
aus jedem einzelnen davon ich meine Lehren zog.

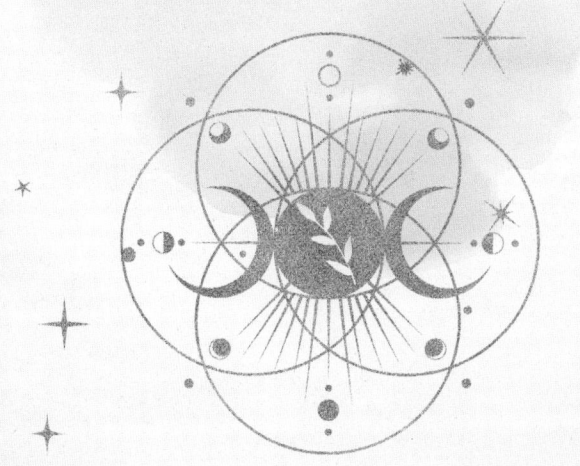

ARTEMIS (GRIECHISCH) / DIANA (RÖMISCH)

Artemis, die Göttin der Jagd, ist eine widersprüchliche Figur. Neben der Jagd umfasste ihre Herrschaft die wilden Tiere, die sie jagte und deren Beschützerin sie gleichzeitig war, sowie den Wald, die Geburt (sie half schon bei ihrer Geburt der Mutter, ihren Zwillingsbruder Apollon zu gebären), die Jungfräulichkeit und den Mond. Ihre Rolle als Hüterin der Tiere (der Bär war ihr heilig), der Kinder, der Jungfräulichkeit und der Linderung der Leiden älterer Frauen lässt sie in diesem Kapitel aufscheinen. Artemis war ein Freigeist und hielt sich in den Bergen und Wäldern auf, wo sie ihren Vergnügungen nachging. Sie lebte nach ihren eigenen Regeln, zeigte jedoch auch schnell Mitgefühl für jene, die es brauchten.

Rufen Sie die Weisheit von Artemis an, wenn Sie die Ermächtigung spüren wollen, alles zu erreichen, was Sie sich wünschen.

KRÄFTE

Artemis war eine überragende Jägerin, die niemals ihr Ziel verfehlte. Man verehrte ihre heilenden und schützenden Kräfte, besonders gegenüber Kindern und gegen Krankheiten. Sie war sich ihrer Stellung bewusst und lebte danach, doch immer voll Mitgefühl und Respekt für andere … es sei denn, man bedrohte das, was ihr wichtig war.

OPFERGABEN

Mondstein, der bei Vollmond dargeboten wird, ist eine Gabe voller Kraft. Stellen Sie eine Statue der Artemis auf Ihren Altar, adoptieren Sie ein Haustier und helfen Sie, wenn Sie können, bei der Reinigung eines Straßenrandes. Stellen Sie Walnüsse, Feigen, Weidenzweige, Beifuß oder Estragon als Gaben auf den Altar.

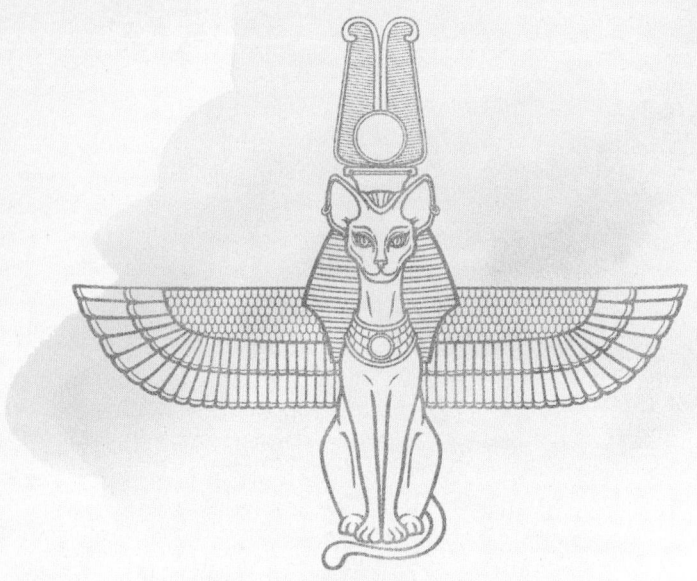

BASTET/BAST (ÄGYPTISCH)

Diese Göttin aus dem alten Ägypten war äußerst beliebt und wurde ausgiebig gefeiert – ihr jährliches Fest soll ähnlich ausgelassen gewesen sein wie der heutige Mardi Gras. Bastet war eine leidenschaftliche Beschützerin von Katzen, Frauengeheimnissen sowie Haus und Familie. Sie war auch Göttin des Vergnügens, einschließlich Musik und Tanz, um nur einige ihrer Herrschaftsbereiche zu nennen. Katzen spielten in der ägyptischen Kultur eine wichtige Rolle als Beschützerinnen der Ernte. Sie hielten die Felder frei von Nagetieren und halfen so gleichzeitig, Krankheiten zu bekämpfen. Man hielt sie deshalb für die tierische Verkörperung von Bastet. Sie war vermutlich auch die Göttin des Mondes. Man sollte jedoch keinem Missverständnis unterliegen – gleich einer Katze war sie gleichzeitig sanft und wild. Es wird Sie auch nicht überraschen, dass die Katzenminze für Bastet ein heiliges Kraut darstellte – eine Gabe, der sie nicht widerstehen wird. Bastet wird auch mit Fruchtbarkeit und Geburt sowie Parfums und Salben assoziiert.

Rufen Sie Bastet an, wenn ein katzenhafter Einfluss ihr Leben verspielter machen soll oder wenn Sie Ihre Krallen zu Verteidigung und Schutz ausfahren möchten. Die Arbeit mit Bastet kann Gesundheit, Heim und Herd in Ordnung und böse Geister fernhalten.

KRÄFTE

Schutz steht bei Bastet an erster Stelle, insbesondere der über Frauen und Kinder sowie gegen Krankheiten und böse Geister. Sie weiß auch, wie man sich amüsieren kann und (verspielt wie eine Katze) Spaß hat.

OPFERGABEN

Bastet liebt alles, was mit Katzen in Verbindung steht, insbesondere Katzenminze – also warum nicht, eine Katze adoptieren, wenn Sie können! Wein, Musik und Tanz feiern ihren göttlichen Status. Zusätzlich kann Mondstein dabei helfen, Ihnen ihre Eigenschaften als Mondgöttin zur Verfügung zu stellen. Gelbe Kerzen, um ihre Verbindung zur Sonne zu ehren, sind Bastet auch willkommen ebenso wie das Tragen Ihres Lieblingsparfums.

DURGA (HINDU)

Obwohl sie als Kriegsgöttin berühmt ist – Durga bedeutet die „Unbesiegbare" –, ist sie auch als Shakti oder Devi bekannt, als universelle, beschützende Mutter und Hüterin des Friedens. Sie symbolisiert die göttliche weibliche Energie im Kampf gegen die Kräfte des Bösen. Wie jede Mutter ist auch Durga eine begabte, vielarmige Multitaskerin, die jederzeit bereit ist, auf jegliche Bedrohung, aus welcher Richtung auch immer, zu reagieren. So wie ihre vielen Arme verleihen ihr auch die drei Augen große Macht. Das linke Auge, der Mond, steht für den Wunsch oder die Absicht, das rechte Auge, die Sonne, für die Aktion und das mittlere Auge, das Feuer repräsentiert ihr großes Wissen. Zu den vielen Waffen, die sie mit ihren acht Armen für den Kampf trägt, gehören Dreizack (Mut), Lotos (als Zeichen des Sieges, jedoch nicht ohne harte Arbeit) und Donnerkeil (Standhaftigkeit in den Überzeugungen). Durga reitet auf einem furchterregenden Löwen durch die Welt und demonstriert damit Mut, Kontrolle, macht und Führungsqualitäten.

Rufen Sie Durga an, um das Böse, das von außen kommt, zu bekämpfen, aber auch die negativen Kräfte und Ängste, die in Ihnen lauern. Wenn Sie ihr vertrauen, wird sie Sie beschützen, verteidigen und Sie ihre Strategie lehren, Kämpfe, die echte Veränderung bringen, zu gewinnen.

KRÄFTE

Durgas Macht liegt im Kampf gegen das Böse und gegen negative Kräfte, die Frieden, Wohlstand und Wohlergehen jener bedrohen, die sie beschützt. Sie besitzt die Macht, Frieden zu stiften, den Geist zu reinigen und positive Energien zu erneuern, wenn man sie darum bittet.

OPFERGABEN

Dieser Göttin gefällt alles, was die traditionelle Farbe ihres Saris rot aufweist. Die Hibiskusblüte ist eine traditionelle Opfergabe.

DAME XIAN (CHINESE)

Die Dame Xian war eine chinesische Adelige, die 512 n.Chr. geboren wurde. Sie entwickelte sich zu einer leidenschaftlichen Beschützerin ihres Volkes und Verfechterin des Friedens zwischen den Stämmen, indem sie auf Verhandlungen und Diplomatie bestand statt auf Waffen und Krieg. Sie war eine verehrte lokale Führerin in einer Zeit, als Frauen das eigentlich nicht sein durften. Sie war fair und gerecht, jedoch auch streng und unparteiisch, wenn sie verdiente Strafen verhängen musste. Dame Xian war Kriegerin, Diplomatin, Aktivistin für soziale und kulturelle Veränderungen und Hüterin des Friedens. Ihr war ein langes Leben beschert und sie diente Kaisern der Dynastien Liang, Chen und Sui, wobei sie für ihre Loyalität, ihren Mut und ihr Hingabe für den Schutz ihres Volkes viel Lob und göttliche Verehrung erfuhr.

Rufen Sie Dame Xian an, um Sie in Zeiten der Ungewissheit in einer Weise zu beschützen, die zu Einigkeit und positiven Veränderungen führt. Bitten Sie sie um Mut und Anleitung, wenn ein Konflikt unausweichlich scheint oder Maßnahmen erforderlich sind, die das schützen, was Ihnen am meisten am Herzen liegt. Bitten Sie sie, Ihnen ihre Stimme zu leihen, wenn sie den Mächtigen die Wahrheit sagen müssen.

KRÄFTE

Dame Xian setzte Vertrauen, Mut und Diplomatie als Waffen gegen das Böse ein. Man sollte nie die Macht einer einzelnen Person unterschätzen, die das Leben vieler Menschen positiv beeinflussen kann. Zögern Sie nicht, Ihre Kräfte zum Wohle andere einzusetzen.

OPFERGABEN

Dame Xian schätzt Loyalität über alles – seien Sie bereit, mit ihr in Beziehung zu treten, und sie wird Sie reich belohnen. Bringen Sie ihr Gegenstände von persönlichem Wert, wie Trophäen oder andere Auszeichnungen, die sie erhalten haben, als Opfer dar. Das wird ihr ebenso gefallen wie jedes Symbol Ihrer Kultur, das für den Frieden steht – wie einen Olivenzweig.

NIKE (GRIECHISCH) / VICTORIA (RÖMISCH)

Die geflügelte Nike, griechische Göttin der Stärke und des Sieges, war
eine der ersten Freiwilligen, die sich der Armee von Zeus im Kampf
gegen die Titanen anschloss, in dem sie zur oberste Streitwagenlenke-
rin ernannt wurde. Der Sieg in der Schlacht brachte ihr einen ständigen
Platz im Olymp ein. Die Göttin wird oft mit Flügeln dargestellt, was
auf ihre Schnelligkeit, Behändigkeit und Fähigkeit, sich blitzschnell an
veränderte Umstände anzupassen, hinweist. Häufig hält sie auch einen
Palmzweig in der Hand, als Zeichen des Sieges und des darauffolgen-
den Friedens. In der anderen Hand trägt sie einen Lorbeerkranz, um
den nächsten Sieger zu krönen – immer darauf bedacht, Ehre zu geben,
wem Ehre gebührt. Nike liebte Trinksprüche, Lieder und Tänze zur
Siegesfeier jeder erbrachten Leistung.

Rufen Sie Nike an, wenn Ihnen Kämpfe zu schwer erscheinen, um
sie allein auszufechten, oder wenn Ihre göttliche Energie nicht aus-
reicht, um Sie durch die ganze Schlacht zu tragen.

KRÄFTE

Nike wurde für ihre Stärke und vor allem für ihre Schnelligkeit verehrt, die sie in jeder Schlacht, jedem Wettkampf und jeder täglichen Anstrengung siegen ließ. Diese Kräfte konnte sie nach Belieben an andere weitergeben, doch seien Sie gewarnt: Wenn man sich nicht würdig erwies, wurde einem der Sieg weggeschnappt. Ihre Behändigkeit verlieh ihr die Kraft, über den Schlachtfeldern zu schweben, sodass sie alle Perspektiven erfassen und ihre Taktik rasch anpassen konnte.

OPFERGABEN

Kaum ein General, Soldat oder ernsthafter Sportler zog in die Schlacht, ohne vorher zu Nike zu beten. Wurde ein Sieg errungen, sind Wein. Lorbeer oder Palmenzweige ein geeigneter Dank für Nikes Hilfe.

TARA (HINDU) / SGROL-MA (TIBETANISCH-BUDDHISTISCH)

Tara ist eine der ältesten Göttinnen, die heute noch verehrt werden, und sie ist die beliebteste Göttin im tibetanischen Pantheon. Tara, deren Name „Stern" bedeutet, war ursprünglich eine Muttergöttin, später die beschützende Göttin der Reisen während des Lebens, sowohl weltlicher als auch spiritueller. Sie ist das weibliche Gegenstück zu Bodhisattva (der Erleuchtete) Avalokiteshvara. Sie soll aus einer Lotosblüte geboren worden sein, die auf einem See blühte, den dieser als Zeuge des Leidens der Welt aus Tränen des Mitgefühls entstehen ließ. Es gibt 21 Erscheinungsformen von Tara, wobei die Weiße und die Grüne Tara am bekanntesten sind. Die Weiße Tara ist eine sanfte Beschützerin jener, die in Frieden kommen, während die Grüne Tara in Ihrem Schutzbestreben eher wild ist und bereit, alles Nötige zu tun, um uns vor Schaden zu bewahren.

Rufen Sie Tara an, wenn Sie das Bedürfnis verspüren, die, die Sie lieben, zu beschützen, oder um ihre fürsorgliche, mitfühlenden Art in stressigen Zeiten auf Sie zu lenken.

KRÄFTE

Taras große Macht liegt in ihrer sprudelnden Quelle des Mitgefühls und ihrer Bereitschaft, jene zu beschützen, die sie liebt. Ihr unermüdlicher Einsatz für die gesamte Menschheit und ihre Weisheit unsere Reise der Verwandlung zu leiten, sind die Gründe, für die sie verehrt wird.

OPFERGABEN

Bitten Sie um Taras Gunst und Führung mit Opfergaben wie Lotosblüten, sternförmigen Gegenständen sowie grünen oder weißen Steinen wie Jade, Smaragd, Chrysolit, Diamant, transparenter Quarz oder Selenit. Weiße und grüne Kerzen sind geeignet, um Tara Ihre Absichten anzuzeigen.

Ixchel, Maya-Göttin der Fruchtbarkeit und des Mondes

Göttinnen der Kreativität und Freude

Voll Freude zu leben, das sollte man täglich anstreben, und diese Gruppe von Göttinnen führt Ihnen in höchst kreativer Weise vor, wie man das macht. Diese Göttinnen sind nicht einfach kreativ um der Kreativität willen, sondern wissen auch um den Wert ihrer Talente und wie sie diese für ein erfolgreiches Erreichen von Zielen und für die Hilfe der Menschheit einsetzen. Kunsthandwerk, Musik und Kunst, Strategie und Überredungskunst sind nur einige der Talente, die hier entdeckt werden. Sie sind bekannt für ihre Fähigkeit, Freude und Festlichkeit ins Leben zu bringen und jede Party anzuheizen. Und eine von ihnen wird Sie immer dazu bringen, trotz allem laut zu lachen. Es gibt keine Gehemmtheit in dieser Gruppe – nur die pure Lebenslust und alles, was zur Freude am Leben beiträgt.

Und vielleicht werden Sie an den unwahrscheinlichsten Orten Botschaften von Selbstakzeptanz und Stärke wahrnehmen sowie die Fähigkeit erhalten, über sich selbst zu lachen.

Begeben Sie sich mit diesen Göttinnen auf die Reise und entdecken Sie alles, was in Ihnen steckt. Lernen Sie, wie man loslässt und neu beginnt und unter Druck Würde zeigt. Erkennen Sie die Schönheit in allem, was Sie umgibt. Machen Sie ein Fest Ihnen zu Ehren. Lassen Sie Ihrer Kreativität in ihrer Gesellschaft freien Lauf und warten Sie, was passiert.

FEIERN SIE DIE GÖTTIN

Freuen Sie sich über neue Freundschaften und feiern Sie die Göttin. Ehren Sie ihren Feiertag, arbeiten Sie mit ihren Symbolen, oder noch besser, schätzen Sie ihren Gesichtspunkt mit diesen Tipps und Fakten.

Athene (griechisch) / Minerva (römisch), Seite 133

Panatheneia war das antike Fest, das mit Wagenrennen, Turnwettbewerben, Musik- und Reitwettbewerben im Juni zu Ehren der vielseitig begabten Athene stattfand. Nutzen Sie alle Ihre Talente, die Athene gesegnet hat, ihr zu Ehren.

Hathor (ägyptisch), Seite 134

Mit dem jährliche Hathor-Fest am 19. Juli wird ihr Geburtstag gefeiert. Die Verehrerinnen wurden ermutigt, ihr zu Ehren ausgelassen zu feiern. Brot und Bier bitte, Hathor!

Baubo/Iambe (griechisch), Seite 138

Was ist besser als ein Lachen aus dem Bauch heraus und ein guter (schmutziger!) Witz? Warten Sie nicht auf einen besonderen Anlass, um Baubos Gesellschaft zu suchen … Lachen Sie jeden Tag, bringen Sie jemanden zum Lachen, erzählen Sie einen guten Witz, schauen Sie einen lustigen Film an. Das ist tut Ihnen gut.

Ixchel (Maya), Seite 136

Ehren Sie Ixchel, die Dame des Regenbogens, indem Sie auf dem Altar Kerzen in den Farben des Regenbogens anzünden, insbesondere orange, wegen der kreativen Energie. Noch besser, essen Sie auch Schokolade, um Ihre Maya-Vorfahren, die glaubten, Kakaobohnen hätten magische Kräfte, zu ehren.

Laetitia (römisch), Seite 139

Laetitia wurde auf zahlreichen Münzen abgebildet, um sie zu ehren und um Glück unter den Menschen zu verbreiten. Um Laetitias Freude auf Sie zu lenken, ist wahrscheinlich eine Shopping-Therapie angesagt.

Die Musen (griechisch), Seite 140

Um diese griechischen Göttinnen der Kunst, der Musik, des Tanzes, der Poesie, der Literatur, der Wissenschaft und des Wissens zu gewinnen, besuchen Sie ein Museum, um all die Talente zu würdigen, die von diesen Schönheiten auf der ganzen Welt inspiriert wurden.

Sarasvati (Hindu) / Benzaiten (japanisch), Seite 142

Vasant Panchami oder Saraswati Puja ist ein beliebtes Frühlingsfest der Hindu, das dieser Göttin geweiht ist. Traditionell kleidet man sich in Gelb und schenkt zur Feier des Tages Freunden und der Familie gelbe Leckereien. Backen Sie Zitronenplätzchen und teilen Sie die Freude.

Die drei Grazien (griechisch), Seite 145

Diese drei Schwestern verströmen Wohlwollen und Freude, wo immer sie sich befinden. Organisieren Sie ihnen zu Ehren ein Mädels-Wochenende, rufen Sie Ihre Schwester an oder bereiten Sie jemandem eine Freude.

Dein Gesicht wird nie aufhören, mich zu inspirieren.

Deine Worte werden nie aufhören, mich zu leiten.

Deine Arme werden nie aufhören, mich zu beschützen.

Deine Reize werden nie aufhören, mich zu bezaubern.

Verbunden mit Dir, oh Göttin, fühle ich mich geliebt und begabt.

Ich spüre Freude. Ich fühle mich frei.

ATHENE (GRIECHISCH) / MINERVA (RÖMISCH)

Als Göttin des Handwerks sowie der Weisheit, des Mutes, des Schutzes und des Krieges war Athene eine der kreativsten der olympischen Göttinnen – man sagt, sie sei ausgewachsen und für den Kampf gekleidet geboren worden! In ihrer Rolle als Göttin des Handwerks war sie Schirmherrin aller Künste und eine Baumeisterin, die den Sterblichen die eher praktischen Gaben des Kochens und Nähens verlieh. Der große Tempel Parthenon wurde zu Ehren Athenes errichtet. Der Olivenbaum, ihr Geschenk an die Griechen, war ein Symbol des Friedens und ihr heilig, ebenso wie das aus seinen Früchten gewonnene Öl. Sie erfüllt ihre scheinbar widersprüchlichen Rollen mit Anmut und Inspiration und bildete die Grundlagen für das Entstehen der Zivilisation. Athene stellte den höchsten Ausgleich zwischen dem Männlichen und dem Weiblichen dar und förderte das erfolgreiche und unabhängige Überleben der Frauen in einer Männerwelt, die sich an der Kraft der Frauen zu dienen erfreuten. Häufig wird sie mit einer Eule dargestellt.

Rufen Sie Athene an, wenn Stärke und Mut schwinden und die Fähigkeit, widersprüchliche Prioritäten zu gewichten, zur Last wird. Bitten Sie sie um Inspiration und Ideen, wenn Sie neue Projekte in Angriff nehmen oder Überredungskunst für den Erfolg nötig ist. Nutzen Sie den Aspekt der Krieger-Göttin, um Ihre Leidenschaft wieder zu entfachen, Ihnen Mut zu geben, Risiken einzugehen, und die nötige Kreativität zu entwickeln, um Ihre Träume zu verwirklichen.

KRÄFTE

Athene nutzt ihre Kreativität, um praktische, nützliche Lösungen für Probleme zu finden. Ihre Intelligenz und ihr strategisches Denken erlauben ihr, die Kriegsführung zu bewältigen und mit derselben Leichtigkeit Frieden zu schließen. Sie kann auch ihre Erscheinungsform an Situationen anpassen, um Ergebnisse zu beeinflussen, ohne entdeckt oder erkannt zu werden.

OPFERGABEN

Olivenöl, Musik, Wein und Honig sind wirksame Opfergaben, ebenso von Hand gewobene oder gefertigte Dinge – alles, was aus Ihren Händen stammt und Ihre Talente zeigt.

HATHOR (ÄGYPTISCH)

Viele der Göttinnen waren im Laufe der Zeit überragende Multitaske-
rinnen, die Status und Herrschaft über zahlreiche Bereiche genossen.
Das gilt auch für Hathor, die altägyptische, kuhköpfige Göttin, die häufig
verehrt wird als Muttergöttin und Ernährerin, Herrscherin über Sonne,
Mond und Himmel sowie wegen ihre Kräfte der Wiedergeburt und des
Lichts. Wir haben sie in diese Kategorie aufgenommen, weil sie gleichzeitig mit Freude, Gesang, Tanz, Fest und Dankbarkeit in Verbindung
steht. Ursprünglich von Ra gesandt, um als Strafe für die Undankbarkeit
der Menschheit Chaos und Zerstörung anzurichten, verwandelte sich
Hathor später in die verrückte und rachsüchtige Sekhmet und wird
daher auch mit dem Auge des Ra assoziiert. Nachdem Ra jedoch die

Mängel des Plans, den er in Gang gesetzt hat, erkennt, macht er Sekhmet durch ein spezielles Bier betrunken. Diese schläft ein und wacht als die schöne, wohlwollende Hathor wieder auf.

Bitten Sie Hathor, Ihre Tage mit Freude und Festlichkeit und Sie selbst mit Dankbarkeit für alles im Leben, das Ihnen Freude macht, zu erfüllen. Sie kann Ihnen auch helfen, Ihre feminine Seite in Schwung zu bringen, wenn Ihr Selbstwertgefühl ein wenig schwächelt.

KRÄFTE
Hathors Macht lag in allen weiblichen Dingen und sie beeinflusste alle Bereiche des Lebens und des Todes. Sie wird oft als frühe Personifikation der Milchstraße dargestellt, denn man glaubte, es fließe süße Milch aus den Eutern der himmlischen Kuh-Göttin. Ihre fröhliche Verbindung mit Gesang und Tanz bringt Schwung in jedes Fest.

OPFERGABEN
Schreiben Sie in der Tradition der Fünf Gaben der Hathor fünf Dinge auf, für die Sie dankbar sind, und legen Sie sie auf Ihren Altar. Sie können die Liste auch verbrennen und Hathor mit einem stillen Gebet führ ihr Wohlwollen danken. Die Aura der Dankbarkeit vertreibt die Wolke der Depression. Weitere willkommene Geschenke sind ein Krug Bier, ein Glas Milch, kupferne oder türkisfarbene Gegenstände und Platanenblätter. Das Tragen von Make-up gilt als Zeichen der Verehrung für Hathor und es wird empfohlen, ihr Spiegel zu schenken, die ihre Schönheit reflektieren.

IXCHEL (MAYA)

Die schöne Dreifach-Göttin Ixchel, deren Name „Dame Regenbogen"
bedeutet, ist die Göttin der Fruchtbarkeit und der Geburt – beides
höchst schöpferische Unternehmungen und Zeichen des Neubeginns –,
die über die Kreativität in all ihren Formen herrscht, was sich auch in
ihren außergewöhnlichen Webarbeiten zeigt. Ixchel wird nicht nur mit
dem wohlwollenden Wasser assoziiert, das den Fluss der Kreativität in
Ihnen freisetzen kann, sondern ist auch die Göttin des Mondes, die wie
dieser in seinen Phasen von der schönen Jungfrau zur alten Frau wird.

Ihre Geschichte erzählt, wie sie einer unerwiderten Liebe nach-
jagte, um sie zu finden und dann festzustellen, dass sie nicht so ist,
wie sie dachte. Ixchel nahm die Dinge selbst in die Hand (allerdings
nicht, bevor sie von einem Blitz, den ihr Großvater schickte, getroffen
und getötet wurde, und nach 13 Tagen, von Libellen betrauert, wieder
ins Leben zurückkehrte) und erkannte, was sie nicht ändern konnte.
Sie verschwand in den Nachthimmel in der Form eines Jaguars, und
wählte ein neues, kreatives Leben, in dem sie ihre Talente zur Hilfe von
anderen einsetzte. Ixchel wird oft mit einem Kaninchen abgebildet, das
die Mayas wie die Chinesen im Angesicht des Mondes zu erkennen
glaubten und als Symbol der Fruchtbarkeit ansahen.

Rufen Sie Ixchel an, wenn Sie loslassen wollen, um Platz für einen
Neuanfang zu schaffen, oder tun Sie dies zu Beginn eines neuen Pro-
jekts, um frische Ideen zu fördern, die die Kreativität zum Fließen bringen. Suchen Sie ihre Weisheit, wenn Sie vor Herausforderungen stehen,
und hören Sie auf ihre beruhigenden Worte, um diese mit Würde und
Ausdauer zu bewältigen. Üben Sie ihr zu Ehren Selbstfürsorge.

KRÄFTE

Ixchel ist eine außerordentlich weise Göttin. Durch den ständigen
Kreislauf der Wiedergeburt sieht sie die Geheimnisse aller Lebensalter
und kann Ihnen helfen, sie ebenfalls zu sehen. Als Göttin des Wassers
und Herrin des Regenbogens schickt Ixchel Regen, um die Pflanzen
zu nähren und die Ernte zu ermöglichen. Ihre Fähigkeiten als Weberin
können Ihnen helfen, das Leben zu gestalten, wie Sie es sich wünschen.
Wenn Sie einen Regenbogen sehen, anerkennen Sie ihre Anwesenheit!

OPFERGABEN

Erbitten Sie Ixchels Gnade und Segen mit Opfergaben wie sauberes
Wasser, Mondstein, einem Prisma, etwas Blauem oder Symbolen, die mit
Mond, Kaninchen, Jaguar oder Libellen zu tun haben. Nehmen Sie frische
Kräuter, Granatapfelsaft oder -samen in Ihre Küchenroutine auf oder
stellen Sie Heilkräuter oder einen Blumenstrauß in Regenbogenfarben auf
den Altar, als Symbol der Dankbarkeit und um sie an Ihre Seite zu rufen.

BAUBO/IAMBE (GRIECHISCH)

Baubo, auch bekannt als Iambe, wurde als Kind von Pan und Echo geboren. Die Bedeutung ihres Namens ist umstritten, aber eine Übersetzung lautet „Bauch" oder „Leibeshöhle". Sie galt als die Göttin der Fröhlichkeit und des guten Humors – mehr als einmal war sie auch lasziv. Sie bekam ihren Ruf, als sie die trauernde Demeter, die verzweifelt auf der Suche nach ihrer Tochter Persephone war, mit obszönen Scherzen und einem Tanz erfreute, bei dem sie angeblich zur Belustigung aller ihr Kleid hob (vielleicht das ursprüngliche Cancan-Mädchen?). Sie war auch für ihren manchmal bissigen Witz bekannt. Baubo steht als Beschützerin von Frauen und Kindern Wache und gilt als starkes Beispiel für die Förderung eines positiven Körperbildes.

Rufen Sie Baubo an, wenn Sie in bessere Stimmung kommen und Emotionen abbauen wollen oder wenn Sie die Poesie, auf die ihr alternativer Name anspielt, nutzen wollen, um Ihre Botschaft geschickt zu formulieren. Hören Sie auf Baubos Weisheit der Selbstakzeptanz, wenn die negativen Selbstgespräche einfach nicht aufhören wollen. Ihre Worte haben Kraft und können ein Lächeln in Ihr Gesicht und Heilung in Ihr Herz bringen. Und vor allem: Haben Sie nie Angst, über sich selbst zu lachen.

KRÄFTE

Baubos Kräfte liegen in ihrem Lachen, ihrer Kreativität und der Fähigkeit, die Komik in jeder Situation zu sehen. Somit hat sie auch die enorme Heilkraft, die Lachen mit sich bringt. Ihre Fähigkeit, eine Situation zu erkennen und intuitiv die beste Lösung zu finden, ist etwas, das wir alle anstreben. Außerdem besitzt sie eine der größten Kräfte von allen – Selbstliebe und Akzeptanz.

OPFERGABEN

Es überrascht nicht, dass Baubo gute Witze und ein herzhaftes Lachen liebt. Tanzmusik und Lieder sind ebenfalls geeignete Opfergaben, ebenso wie alles, was lustig, albern oder heiter ist.

LAETITIA (RÖMISCH)

Als römische Göttin der Freude und des Feierns wird Laetitia mit Feiertagen und Festen in Verbindung gebracht. Ihr Name bedeutet „Glück" – vor allem in Bezug auf Wohlstand und Fülle. Sie wird oft mit einem Kranz oder einer Girlande aus Blättern, Blumen oder Zweigen dargestellt, dem traditionellen Zeichen für Feierlichkeit und Ehre, wie wir es an Weihnachten und zu anderen Festen und besonderen Anlässen verwenden. Häufig wird Laetitia auch mit einem Schiffsruder, als Zeichen für ihr lenkendes Handeln in glücklichen Angelegenheiten, abgebildet.

Rufen Sie Laetitia in finanziellen Dingen an, um Probleme zu lösen und Leichtigkeit und Freude zu schaffen – aber übersehen Sie nicht die emotionale Seite des Glücks und des Feierns, die sie ebenfalls für Sie bereithält.

KRÄFTE

Laetitia verbreitet überall Freude und Festlichkeit und kann jeden Tag in einen Festtag verwandeln. Ihre Freude ist jedoch nicht leichtsinnig, denn die Freude jedes Menschen resultiert aus der Erfüllung unterschiedlicher Bedürfnisse. Sie lehrt uns, in allen Lebenslagen, auch in Zeiten der Not, fröhlich zu sein.

OPFERGABEN

Da Laetitia so häufig auf Münzen geprägt wurde, ist jedes Geldstück eine würdige Gabe. Lebensmittel, als Zeichen des Überflusses und Reichtums, ehren Laetitia sowie Kränze und Girlanden aus Blumen oder grünen Blättern für ihr festliches Wesen. Alles Gelbe, in der Farbe des Glücks, ist ebenfalls eine gute Idee.

DIE MUSEN (GRIECHISCH)

Die neun Musen sind griechische Göttinnen der Künste: Musik, Tanz, Poesie, Literatur, Wissenschaft und Wissen. Ihre Künste waren auch Gaben der Freude – und wie alle Göttinnen waren sie auch von großer Schönheit. Die Musen inspirierten alle Künstler zu deren größtem Potenzial – doch man durfte sie in ihrer Vormachtstellung in den Künsten nicht in Frage stellen, sonst drohte Ärger. Sie unterhielten die olympischen Götter und ihre Werke waren von solcher Vollkommenheit, dass sie angeblich alle Sorgen vergessen ließen (vielleicht als Gegenmittel zu ihrer Mutter, Mnemosyne, der Göttin des Gedächtnisses, die einen nichts vergessen ließ!).

Bringen Sie Ihre Talente und Absichten mit einer Lieblingsmuse in Einklang. Kalliope – epische Dichtung; Klio – Geschichte; Erato – Liebesdichtung; Euterpe – Musik; Melpomene – Tragödie; Polyhymnia – heilige Hymnen; Terpsichore – Chorgesang und Tanz; Thalia – Komödie; und Urania – Astronomie.

KRÄFTE

Die Musen sind immense Quellen kreativer Inspiration und eine Fund-
grube des Wissens in Zeiten der Not. Sie dienen nicht nur Dichtern,
Schriftstellern und Musikern, sondern Denkern aller Art. Sie gewähren
ihre Gaben oft willkürlich, seien Sie also wachsam und bereit zu handeln,
wenn Sie sie um Hilfe bitten. Sie haben auch die Fähigkeit, zu unterhalten
und einen gestressten Menschen von seinen Lasten abzulenken.

OPFERGABEN

Honig und Milch erfreuen alle Musen, aber Sie können der jeweiligen
Muse passende Gaben darbringen, zum Beispiel ein Gedicht für eine
der Musen der Poesie; Musik für die musikalisch veranlagten Musen;
einen guten Witz für Thalia; einen Abschnitt in Ihrem Tagebuch, der
Ihrer Zeit mit Klio gewidmet ist. Wie auch immer die Musen Sie inspirieren, Dankbarkeit und das Teilen Ihrer Talente sind die Schlüssel-
faktoren.

SARASVATI (HINDU) /
BENZAITEN (JAPANISCH)

Als Mutter der Veden, Göttin des Lernens, der Musik, der Kunst und der Weisheit und Gemahlin Brahmas wird Sarasvati auch zugeschrieben, das Sanskrit erfunden und dem Gott Ganesh das Schreiben beigebracht zu haben. Ihr Name bedeutet „die Fließende" und sie ist die Verkörperung des heiligen Flusses Sarasvati, Quelle der Reinigung und des Glücks für alle, die sich an sein Wasser begeben. Der freie Fluss des Glücks der Weisheit und des Bewusstseins kommt von ihr, ebenso wie die fließenden Gaben des Wassers, der Worte und des Wissens. Sarasvati ist Mitglied einer weiblichen Dreifaltigkeit (neben Lakshmi, siehe Seite 98, Göttin des Reichtums, und Parvati, Göttin der Liebe). Die drei arbeiten zusammen, um das von ihren männlichen Gegenstücken erschaffene Universum in Ordnung zu halten.

Rufen Sie Sarasvati an, wenn Sie unter Druck stehen, eine gute Leistung erbringen zu müssen – sei es in der Musik, bei einer Prüfung oder bei einem wichtigen Vorstellungsgespräch – oder wenn die Gabe der Beredsamkeit Ihnen helfen kann, Ihre wahren Gedanken zu vermitteln.

KRÄFTE

Wenn Sie bei der Arbeit mit Sarasvati genau hinhören, werden Sie die Melodien vernehmen, die sie auf ihrer traditionellen Veena spielt und die uns durchs Leben begleiten. Sie kann Sie die wahre Weisheit Ihres Herzens lehren und Werkzeuge in die Hand geben, um Ihre Kreativität besser auszudrücken, besonders als Musikerin oder Schriftstellerin.

OPFERGABEN

Bringen Sie Sarasvati Opfergaben dar in Form von Büchern, Stiften, Musikinstrumenten und weiß gefärbten Gegenständen, insbesondere aus Seide, die Sarasvati gerne trägt, wenn sie auf ihrem weißen Schwan reitet oder auf einer weißen Lotosblüte sitzt.

DIE DREI GRAZIEN (GRIECHISCH)

Die drei Grazien waren Göttinnen des Frohsinns, der Schönheit und des Charmes, die Freude in die Welt bringen und diese dann auch schützen sollten. Sie waren die wahren „Unterhaltungskünstlerinnen" des antiken Lebens und sorgten überall für Vergnügen. Aglaia (die Strahlende), Euphrosyne (die Frohsinnige) und Thalia (die Blühende) brachten Leben in jedes Fest. Mit dem ersten Becher Wein wird immer auf sie angestoßen.

Rufen Sie die drei Grazien an, wenn Ihre Welt etwas mehr Schönheit oder einen Funken an Freude braucht, um eine frische, neue, positive Einstellung hervorzurufen.

KRÄFTE

Die Kräfte der drei Grazien zeigen sich in der Fähigkeit, unter Druck „anmutig" zu sein, die Schönheit auch in den kleinsten Dingen zu sehen und Glück und Wohlergehen anderer über das eigene zu stellen.

OPFERGABEN

Frische Blumen, vor allem Rosen, Wein, Tanz, Gesang und ein freudiges Leben sind besondere Opfergaben für die Grazien. Die Schönheit im Alltäglichen und Unerwarteten zu finden, ist ein Geschenk an sie und an Sie selbst und wird Ihnen im Gegenzug viel Glück bringen.

Yemaya, Muttergöttin der Yoruba und Wassergeist

Magie, Zaubersprüche und Rituale

Das Reich der Göttinnen ist für Sie da, wann immer Sie es brauchen. Die göttliche Energie für Zauber und Rituale anzurufen, vergrößert die besondere Kraft, die man sucht – es verstärkt intensiv die Energie tief in Ihrem Inneren. Wenn diese mit Ihren Absichten in Einklang steht und ins Universum entlassen wird, entsteht göttliche Zauberkunst. Aber denken Sie daran, die Absichten müssen wahrhaftig sein und das Herz muss daran glauben. Es ist auch ein Weg, Ihren wahren Geist zu ehren.

Neben göttlicher Energie können auch natürliche Energien von Kristallen, Kräutern und Blumen, Kerzen (Feuer), Farben und ätherischen Ölen – einige der Dinge, mit denen Sie Ihren Altar ausstatten können (siehe Seite 13) – die Energien verstärken, um Ergebnisse zu erzielen. Insgesamt gilt: Verwenden Sie das, was Sie anspricht und sich richtig anfühlt.

Auch der Mond ist bei der Zauberei von besonderer Bedeutung – vor allem, wenn man mit einer Göttin arbeitet, die mit diesem wundersamen Wesen assoziiert ist, denn er ist eine verehrte Quelle erhöhter Intuition. Der zunehmende Mond, von Neumond bis Vollmond, hat die Macht, Dinge anzuziehen; der abnehmende, vom Dreiviertelmond bis zur Mondsichel, die dann wieder in den Neumond übergeht, kann ein starker Verbündeter sein, wenn es darum geht, Dinge loszulassen.

Wenn Sie sich Zeit nehmen, sich mit einer Göttin zu verbinden, sind Sie stark genug, um alles zu erreichen, was Sie sich wünschen!

BESCHWÖRUNG DER GÖTTLICHEN MAGIE
UND TIPPS FÜR ZAUBEREI

Zaubersprüche können persönlich oder allgemein sein, je nach Umständen und Bedürfnissen. Zaubersprüche können je nach Wunsch formell oder informell sein und erfordern, wie schon erwähnt, weder Werkzeuge noch Ausrüstung, außer Ihrer Person, Ihren Absichten und Ihrem Glauben. Rituale sind in der Regel etwas aufwendiger als Zaubersprüche, aber auch hier gilt, nur das zu machen, was sich richtig anfühlt. In diesem Buch werden die Dinge einfach gehalten. Zögern Sie nicht, sie je nach Erfahrung, Wünschen und Kreativität zu erweitern.

Für das Aussprechen von Zaubersprüchen stehen hier ein paar grundlegende Richtlinien, die Sie nach Wunsch verwenden oder bei Bedarf anpassen können. Einige Atemzüge, um sich zu beruhigen und zu fokussieren, sind immer ein willkommener Einstieg. Dann:

- Erkennen Sie Ihre Absichten. Seien Sie das, was Sie nach außen zeigen.

- Bereiten Sie den Altar sowie alle Werkzeuge vor, die Sie verwenden möchten.

- Zeichnen Sie mit getrockneten Kräutern, die Ihre Absichten unterstreichen, einen Kreis um den heiligen Raum, in dem Sie arbeiten möchten, legen Sie Kristalle im Kreis auf Ihrem Altar auf, streuen Sie Salz oder umweltfreundlichen Glitter (im Freien!) rund um Sie oder zeichnen Sie einfach mit dem Finger einen Kreis in die Luft. Denken Sie daran, den Kreis wieder aufzuheben, wenn Sie fertig sind.

- Visualisieren Sie die gewünschten Ergebnisse.

- Bringen Sie ein Opfer dar und rufen Sie die Göttin an.

- Sprechen Sie den Zauberspruch.

- Glauben Sie an die Energie der Liebe und der Heilung.

- Visualisieren Sie die Göttin, wenn Sie sich verabschieden.

- Seinen Sie dankbar und drücken Sie diesen Dank auch aus.

BEZIEHEN SIE DIE GÖTTINNEN IN
IHR MAGISCHES LEBEN MIT EIN

Es gibt so viele Arten, die Göttinnen als Teil Ihres magischen Lebens zu ehren und zu respektieren. Was immer Sie tun möchten, machen Sie es so rituell oder so einfach, wie Sie es wünschen – haben Sie Spaß dabei und betrachten Sie jede Ihrer Aktivitäten als Möglichkeit, Ihre göttliche Magie von der Leine zu lassen! Am einfachsten ist es, damit zu beginnen, etwas über die jeweilige Göttin und ihre Persönlichkeit, Kräfte, Verbindungen und Vorlieben zu erfahren. Je mehr Sie über sie wissen, desto bessere Ideen werden Ihnen einfallen, mit ihnen zu arbeiten. Hier sind einige Vorschläge, die Sie auf den Weg zu Ihrer Göttin bringen.

Wenn eine Göttin in Verbindung steht mit:

- LUFT: Tragen Sie eine Feder; lassen Sie eine Brise Ihre Wünsche wegtragen; öffnen Sie ein Fenster, um zu lüften.

- TIEREN: Nehmen Sie ein Haustier auf; arbeiten Sie ehrenamtlich in einem Tierheim; erfreuen Sie sich an den Wesen der Natur; spenden Sie an eine Hilfsorganisation für Tiere.

- KREATIVITÄT: Lachen Sie; erlernen Sie ein Handwerk; dekorieren Sie einen Raum oder den Altar neu; sie könnten auch malen, singen, tanzen, schreiben, Gedichte rezitieren, eine Sprache lernen oder tagträumen.

- ERDE: Gehen Sie in die Natur, oder sitzen Sie barfuß im Gras, arbeiten im Garten, gehen zum Bauernmarkt, essen achtsam oder feiern mit Freunden und Familie Erntedank.

- FEUER: Zünden Sie Feuer in Ihrem Kessel oder eine Kerze auf dem Altar an, setzen Sie sich vor den Kamin oder ein Lagerfeuer oder betrachten Sie den Sonnenuntergang.

⌁ WASSER: *Bauen Sie Wasseraktivitäten in Ihr Leben ein, wie ein rituelles Bad, oder schwimmen Sie im Meer, einem Teich, Bach oder Pool; kochen Sie; praktizieren Sie rituelle Reinigung; stellen Sie Mondwasser her und verwenden Sie es für Segnungen, Opfergaben oder Tees; machen Sie Schneeengel oder gehen Sie eislaufen.*

⌁ FRUCHTBARKEIT UND MUTTERSCHAFT: *Heben Sie die Stimmung anderer; zeigen Sie bedingungslose Liebe für alle – auch für sich selbst; feiern Sie alles Schöne in Ihrem Leben.*

⌁ KRÄUTER: *Legen Sie einen Kräutergarten an; kochen Sie mit frischen oder getrockneten Kräutern; hängen Sie einen Kräuterkranz in die Küche; teilen Sie Rezepte mit Freunden und führen Sie eine Liste mit den Bedeutungen und Verbindungen der verwendeten Kräuter.*

⌁ BLUMEN UND BÄUME: *Halten Sie eine Zeremonie für Baumpflanzungen ab; legen Sie einen Garten an oder bringen Sie frische Blumen wegen ihrer Schönheit und heilenden Energien nach Hause.*

⌁ DAS JENSEITS: *Ehren Sie Ihre Vorfahren und lassen das los, was Ihnen nicht mehr dienlich ist.*

Zauber und Rituale

Um Aufmerksamkeit und Energie der Göttinnen etwas leichter zu erhalten, finden Sie hier Zaubersprüche und Rituale, die vieles abdecken, bei dem Sie vielleicht Hilfe erbitten. Zögern Sie nicht, mit eigenen Worten zu sprechen – Wahrheit aus dem Herzen enthält den schönsten Zauber.

Letztlich nehmen Sie, was Sie brauchen, und geben, was Sie können, seien Sie freundlich und dankbar. Positive Energien, die Sie mit Zaubersprüchen aussenden, werden Ihnen vielfach zurückgegeben, nur nicht immer, wenn Sie es erwarten oder wünschen. Seien Sie geduldig und glauben Sie daran.

Und vergessen Sie nicht: Rund um Sie ist Magie, immer verfügbar, wenn Sie sie brauchen – doch das Universum gewährt das, was man braucht, dann, wann man es braucht. Was Sie besitzen und wer Sie sind, reicht aus, um „himmlische Göttin" genannt zu werden.

Dame Xian, die chinesische Schutzgöttin

Liebe und Schönheit

Wenn Sie die sterbende Glut einer Beziehung anfachen müssen, um deren Wärme zu genießen, nehmen Sie ein warmes Bad, bestreut mit Rosenblättern – einige davon unter Ihrem Kopfkissen können ebenfalls helfen.

BEREITEN SIE VOR:

Rote Kerze

Stabile, hitzebeständige Oberfläche

Rosenquarzkristalle oder Granaten für die Liebe

Streichhölzer

15 Tropfen Rosenöl gemischt mit
1 Esslöffel (15 ml) Trägeröl wie Mandel-, Jojoba- oder Olivenöl

Rosenblütenblätter oder eine Rose

1. Füllen Sie die Badewanne mit angenehm warmem Wasser.

2. Stellen Sie die Kerze auf die stabile Unterlage. Platzieren Sie die Kristalle rund um die Kerze im Kreis. Zünden Sie die Kerze an.

3. Gießen Sie das Ölgemisch in die Badewanne und verteilen Sie es mit der Hand im Wasser. Nehmen Sie den Sinneseindruck des Wassers in sich auf – fühlen Sie dessen liebkosende Weichheit.

4. Verstreuen Sie die Rosenblätter auf dem Wasser und lassen Sie das Liebessymbol das Wasser durchdringen. Stellen Sie sich vor, dass Wasser würde Sie wie ein Liebhaber in die Arme nehmen.

5. Gleiten Sie ins Bad und entspannen Sie sich im sinnlichen Gefühl des Wassers. Blicken Sie in die Kerzenflammen, wenn Sie spüren, dass die Energien aufsteigen. Nehmen Sie sich einen Augenblick Zeit und danken Sie still für das lebensspendende Wasser und die Gelegenheit der Selbstfürsorge.

6. Laden Sie Ihre Göttin in Ihren Kreis ein. Schließen Sie die Augen und wenn Sie bereit sind, sagen Sie leise oder laut:

Solch Schönheit wie Deine entfacht das Feuer des Verlangens.
Deine Seele will ich streifen, zu entzünden meine innere Flamme.

Venus [oder Göttin nach Wahl], gewähre mir Deine
Leidenschaft, die schwelend brennt, mich anzuregen.

Eine Lektion in Zauberei, ohne schaden zu wollen,
verwandelt mich gleich dem Werden von Tag zur Nacht.

Mit Blüten so zart, wie meines Liebhabers Kuss,
lege ich Rosen als Dank Dir zu Füßen.

Meinen Liebsten seh ich heut' Abend entflammt,
gleich Deiner brennenden Lust.

Vorsicht, wenn Sie aus der Wanne steigen, es könnte rutschig sein.

FREYAS LIEBESZAUBER

Die leidenschaftliche Art der anbetenden Liebe, die Ihnen das Gefühl gibt, alles in Angriff nehmen zu können, ist ein ganz eigener Zauber. Wollen Sie die Flamme entzünden und die Hitze in Ihrem Leben steigern, werden Ihnen zahlreiche Liebesgöttinnen zur Seite stehen – allen voran Freya.

Mit den verstreuten Runen, das Schicksal fest in Händen,
wende ich mich an Freyas zauberischen Blick.

Enthülle mir, wenn Liebe meines Weges kommt,
und Leidenschaften ohne Zögern brennen.

Versteckt in den Geheimnissen des Zaubers,
ist Deine Schönheit gleich einer Sirene Ruf.

Lehre mich den verführerischen Gesang, auf dass ich
Geliebte bis in die Träume hin verfolge.

PASSENDE PARTNER FINDEN

Es gibt keinen Mangel an göttlichen Verbündeten, die Meinungen und Ratschläge bieten, um den perfekten Partner zu finden. Wenn Sie das planen, schenken Sie Wein ein (oder Tee oder ein anderes Lieblingsgetränk – ein Glas für Sie, eines für die Göttin) und machen Sie es sich für ein Gespräch gemütlich. Sie können meditieren, wer der oder die Richtige sein könnte, der Göttin schreiben, wie man den ersten Schritt machen soll, nach draußen setzen und den Klängen des Universums lauschen, um nach Hinweisen zu suchen, die verkünden, dass der richtige Zeitpunkt gekommen ist ... was immer Ihnen gefällt. Wenn Sie bereit sind, sagen Sie leise oder laut:

Verhexe mich mit Deinem Zauber und
sprich den Zauberspruch, der keinen Schaden bringt.

Denn Liebe ist's, was mein Herz begehrt
und einen Bewunderer auf lange Sicht.

Hilf mir die klare Botschaft auszusenden:
Ich möchte, dass sich uns're Lippen sind so nah,

Dass sengende Hitze schmilzt die Angst,
und wir für Jahre glücklich sind.

SCHÖNHEITSKÖNIGIN

Göttin, Göttin, an der Wand, wer ist die Schönste im ganzen Land? Die meisten sagen Aphrodite, aber heute Sind Sie es! Sie müssen sich selbst bedingungslos lieben, bevor jemand anderer Sie so lieben kann, wie Sie es wünschen. Und es kann nicht schaden, ein bisschen Spaß zu haben, um diese Selbstliebe zu vertiefen. Kleiden Sie sich hübsch, legen Sie Schmuck an, schminken Sie sich, wenn Sie möchten, und machen Sie sich bereit, die Krone von Aphrodite, der ursprünglichen „Schönheitskönigin", entgegenzunehmen – die dabei vielleicht auch ein wenig Sexappeal versprüht. Schmieden Sie also Pläne, um angebetet zu werden. Wenn Sie bereit sind, zur göttlichen Schönheitskönigin gekrönt zu werden, sprechen Sie leise oder laut:

Schönste Göttin, von allen geliebt, dem Meer entstiegen, reine

Wonne ist es, Dich zu schauen: Deiner Schönheit gilt mein Flehen.

Setz mir die Krone auf das Haupt, auf dass ich prächtig sei wie Du.

Oh Königin der Liebe, göttlicher Anmut,

So sage mir, was Du in mir erblickst.

Wahre Göttin, glänzende Schönheit ohne Tadel

Von allen angebetet, bedingungslos, wie von Dir selbst.

AURA DER VERZAUBERUNG

Um für einen bestimmten Menschen unwiderstehlich zu werden, senden Sie eine Aura der Verzauberung aus. Strahlen Sie Mysterium, Anziehungskraft und betörende Schönheit aus. Rufen Sie Ihre göttlichen Verbündeten an, um deren bezaubernde Fähigkeiten auf Sie zu lenken. Bitten Sie die Musen, Sie zu begleiten, wenn Sie leise oder laut zu der gewissen Person sprechen:

Mit dem Antlitz der Verführung und Worten des Werbens,
wird der Blick des Zaubers auf Dich gerichtet.

In diesem Banne sollst Du bleiben,
verzaubert so mit dem Refrain der Liebe.

Der Göttin Aura fließt von mir zu Dir
und bindet uns in Ewigkeit.

Nicht widersteh dem wahren Verlangen –
gib hin Dich dem Feuer der wachsenden Liebe.

 ## LANG LEBE DIE LIEBE!

Hat man den gewissen Menschen gefunden, scheint Liebe so einfach. Je älter sie wird, desto mehr muss man daran arbeiten, um sie am Leben zu erhalten. Wie Ebbe und Flut verändert sie sich und wächst, genau wie die Jahreszeiten. Der Schlüssel zu dauerhafter Liebe ist, in ihrem Strom zu schwimmen. Man sollte sie für sich selbst verehren und feiern. Nehmen Sie die Weisheit einer Göttin der Liebe an, der Sie vertrauen, und beschwören Sie leise oder laut, so oft Sie wollen, die lebenslange Liebe, die allem standhält:

Wenn Liebe Dich erwählt, scheint die Welt ganz neu zu sein.
Oh liebe Göttin, gewähre diesen meinen Wunsch:

Möge was heute neu ist, gut verwittern, werden so wie
die Asche grau die Leidenschaft,

Doch schwelend noch die Hitze halten,
durch gute Zeit und dunkle Nacht.

Wenn mein Leben enden soll, dann bete ich,
dass bis dahin der Liebe Feuer brennt.

Ehe, Fruchtbarkeit und Mutterschaft

MUTTER ERDES ERNTEDANKFEST

Was sollte mehr gefeiert werden als Mütter, die uns geboren haben, die Ernte, die uns ernährt, die Weisheit, die uns stärkt, und die Liebe, die uns unterstützt? Heizen Sie Ihren magischen Kessel auf und kreieren Sie ein Festmahl zu Ehren aller Muttergöttinnen mit einem besonderen Erntedankfest für Mutter Erde. Je nach Jahreszeit oder Anlass für dieses besondere Ritual versuchen Sie, bedeutungsvolle Speisen einzubauen, die auf Ihren Absichten beruhen, und ehren Sie die Ihnen nahestehenden Verstorbenen, indem Sie deren Lieblingsspeisen mit einbinden.

Es gibt viele Gründe, gleichgesinnte Freunde und Familienmitglieder zu versammeln: Schwangerschaften und Geburten, die prächtigen Farben der Wiedergeburt des Frühlings, die Feier der Weisheit der Mütter, die reife Ernte des Sommers, die erste Ernte, die uns durch magere Zeiten bringt, und sogar die Zeit, die Stille zu genießen, die die Grundlage für künftige Ernten legt, um nur einige zu nennen. Oder Sie haben einen persönlichen Anlass, den Reichtum von Mutter Erde, der auf so viele Arten Leben einhaucht, zu feiern.

Da jedes Nahrungsmittel magische Eigenschaften hat, ist es Ihre Entscheidung, welches Sie verwenden möchten! Bereiten Sie Speisen mit Respekt und Ehrfurcht zu und übertragen Sie Ihre Wünsche und Absichten auf sie. Achten Sie auf die Folgen Ihrer Wünsche, und rühren Sie mit jeden Löffel Freude und Dankbarkeit ins Essen.

BEISPIEL FÜR EIN ERNTEDANKFEST-MENÜ

Äpfel, Avocados, Eier, Milch und Granatäpfel für Fruchtbarkeit und Liebe

Gerste, Rüben, Mais und Kartoffeln für alle Muttergöttinnen der Erde

Brot und Bier zu Ehren der Getreideernte und der Göttin Ceres

Kuchen, um die süßen Opfer zu ehren, die alle Mütter bringen

Schokolade und Erdbeeren für Liebe und Romanzen

Zimt für Überfluss

Koriander, Knoblauch, Honig, Majoran, Minze und Thymian für die Gesundheit

Maismehl für das Fest der Ernte

Trauben für Gartenzauber

Oliven für den Frieden

Orangen als Symbol für die lebenspendende Sonne

Pfirsiche und Salbei für Weisheit

Reis für Regen, der die Ernte wachsen lässt

Rosmarin für das Gedenken an geliebte Verstorbene

Sesam, Sonnenblumen und Mohnsamen für Wachstum und Chancen

Wein für Überfluss und Feierlichkeiten

Möge die Zusammenkunft sichtbare Huldigung sein
für Mutter Erde, Schöpferin des Lebens.

Mögen die hier dargebrachten Speisen
nähren Körper, Gesundheit, Wünsche.

Möge der dargebrachte Trank den Überfluss des Lebens
feiern, so wie die Lebensfreude selbst.

Möge die Dankbarkeit, die wir für die Erde fühlen,
die Göttin in uns allen ehren.

Möge die Göttin, Mutter Erde, Gefallen daran finden
und uns im Gegenzug den Segen spenden.

EINER MUTTER FLEHEN

Die Geburt eines Kindes ist eines der magischen Wunder des Lebens.
Wenden Sie sich an eine Muttergöttin oder Göttin der Fruchtbarkeit,
deren Energie mit Ihrer übereinstimmt, um Ihre Welt mit möglicher
Fruchtbarkeit zu erfüllen.

Oh Muttergöttin, hör mein Flehen
und richte fruchtbaren Blick auf mich.

Die Zeit ist reif – wahrlich ich fühl es,
denn tief in mir die Regung spür ich

Erschüttert tief im Inneren durch die Liebe,
die ich von Sternen zu empfangen sehne:

Ein Kind, von mir geboren –
um es zu nähren, wachsen lassen und später freizugeben.

Denn Liebe, die die Welt verändert, wird neu geboren jedes
Mal, wenn Du sie in die Arme einer Mutter legst.

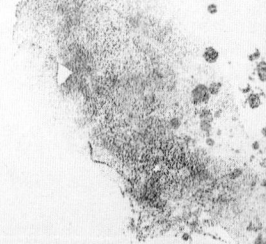

UMARMUNG EINER MUTTER

Danu, die Mutter aller irischen Götter, Menschen und Feen, bringt uns den Trost, die Liebe und die Anerkennung einer Mutter. Als Göttin des Wassers fließt Liebe aus ihr wie ein endloser Fluss. Sie verfügt über Erfahrungen von Generationen von Müttern, die für ihre Umarmungen so berühmt sind! Wenden Sie sich an sie, wenn Sie in der turbulenten Welt von heute eine beruhigende Umarmung brauchen. Wenn Sie bereit sind, sagen Sie leise oder laut, Große Mutter Danu:

*In jedem Plätschern eines Teiches, in jedem Glitzern eines
Meeres spür ich Dein Wesen neben mir.*

*Schließ mich in Deine Arme ein, damit ich,
vor Schaden sicher, dort schweben können möge.*

*Deine sanfte Liebe fließt in mich hinein,
die ich gern entgegennehme für alle Ewigkeit.*

VERPFLICHTUNG

Göttinnen mit den erfolgreichsten Partnerschaften bleiben sich selbst treu und engagieren sich gleichzeitig für das Wohl des Teams. Wenn Sie sich in Zukunft binden möchten, wenden Sie sich an Ihre Lieblings-göttin, um Ratschläge zu erhalten, wie Sie Ihr wahres Selbst so leben können, dass Sie und Ihr Partner davon profitieren.

O Göttin, Herrin der Verbindung,
lenk die Gedanken hier auf mich.

Verpflichtung kommt in vielen Formen –
mit Deiner Hilfe bete ich,

dass Liebe geben und halten von Gelübden
auf ihre Weise heilig sind,

zwei zu vereinen, die dennoch beide
ihr Recht auf eig'ne Meinung haben.

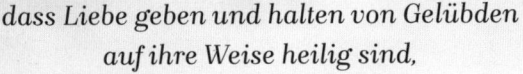

PACHAMAMA: ÜBUNG ZUR ERDUNG

Rufen Sie Pachamama an, die oberste Mutter der Erde, wenn Sie mehr Bodenhaftung brauchen. Erdung kann ein Weg sein, um überschüssige Energie freizusetzen, aber auch, um Energie aus der Erde zu beziehen. Sie kann Ihnen helfen, sich sicher, ruhig und zentriert zu fühlen und im gegenwärtigen Augenblick zu verweilen, wenn Stress und Sorgen die Verwirklichung Ihrer Ziele zu behindern drohen. Es ist ganz einfach:

1. Gehen Sie barfuß ins Freie, spazieren Sie im Gras, liegen Sie im Sand, tauchen Sie die Zehen in einen See und verbinden Sie sich so körperlich mit den Energien der Erde.

2. Um überschüssige Energie freizusetzen: Drücken Sie Beine und Füße, eventuell sogar die Hände fest auf die Erde. Visualisieren Sie die Energie, die Sie brauchen, um die Bewegung in die Erde zu lenken, sodass sie von ihr absorbiert und von Ihnen weg gelenkt wird.

3. Um Energie anzuziehen: Stehen, sitzen oder liegen Sie auf der Erde. Schließen Sie die Augen, wenn Sie es wünschen, und stellen Sie sich vor, wie die Erdenergie Ihre Batterien auflädt. Bleiben Sie liegen, bis Sie sich ganz aufgeladen fühlen, dann sagen Sie leise oder laut:

Pachamama, Muttergöttin, steh mir bei,
Verbindung mit der Erd' zu halten.

Geh sanft an meiner Seite, sodass mein Schritt nicht Schaden bringt, wenn tief ins Herz der Erde ich Energien sende.

Leg Dich neben mich, mit mir zu fühlen der Erde Schwingungen aus ihrem tiefen Kern.

Nimm meine Hand, auf dass wir eins sind mit der Erde, in diesem Augenblicke, leicht und friedvoll.

Gesegnet seist Du.

 # FAMILIENSEGEN

Muttergöttinnen wissen, dass Familien viele Formen haben und mit der Zeit wachsen und sich verändern. Ehren Sie den gemeinsamen Nenner aller: die Liebe. Bitten Sie Ihre Lieblingsgöttin um ihre Führung und ihren Segen, um über Ihre Familie zu wachen. Wenn Sie bereit sind, sagen Sie leise oder laut:

Dir, liebe Muttergöttin, Dank für die Familie,
die Du von oben mir gesandt.

Gewähre mir die Weisheit, zu hegen, was sie braucht,
damit die Bande, die uns einen, stärker werde.

Leite mich voller Gnade, zu feiern unser beider Stärken,
trotz all der Unterschiedlichkeiten.

Gib mir den Mut, die Sorgen zu durchstehen,
die unweigerlich sich in den Weg mir stellen werden.

Lehre mich zu sehen, wann jeder Zweig von uns'rem Baume
von selbst erblüht und wachsen wird.

Öffne mein Herz für Deine liebende Umarmung,
so die Familie Raum zum Wachsen hat.

Segne uns alle mit der Freiheit, die aus der Liebe kommt und
uns'ren Träumen Flügel gibt.

Beziehungen, Wahrheit und Vergebung

Wenn sich Gruppenarbeit zur Verstärkung der Energien für Sie eher richtig anfühlt, versammeln Sie Ihre Freunde zum Fest einer bestimmten Göttin oder zu jeder anderen Gelegenheit, um sich zu vernetzen, zu feiern und die sich manifestierenden Energien in einem göttlichen Kreis zu verstärken. Der Zweck des Kreises ist, die Göttin und all ihre Gaben zu feiern und zu ehren, sich für ihre Kraft, ihre wachsende Energie, ihre Intuition und ihre Weisheit zu öffnen.

Der Kreis ist der heiliger Raum, um Ihre Magie zu entfalten. Stellen Sie ihn mit physischen Dingen wie Kristallen, Kerzen, Steinen, Früchten, Kräutern oder Blumen dar, verstreuen Sie umweltfreundlichen Glitter im Freien oder zeichnen Sie ihn einfach mit dem Finger in die Luft. Das bedeutet, sich mit den Energien der Erde und des Universums zu verbinden. Es ist ein Ort, sich zu sammeln und göttliche Energie zu schaffen und freizusetzen, ein Ort des Lernens, des Austauschs, der Meditation und der Aufmunterung anderer, ein kraftvoller Ort, um mit dem göttlichen Reich zu arbeiten.

1. Laden Sie Ihre Freunde ein, in den Kreis zu treten, um ihre Energien zu verbinden und zu verstärken, indem Sie sich an den Händen fassen, eventuell um einen Altar herum stehend oder sitzend.

2. Wenn Sie möchten, können alle einen Gegenstand, der die jeweilige Göttin repräsentiert, eine Opfergabe oder ihre Absichten für die Zeremonie in den Kreis oder auf den Altar legen.

3. Laden Sie die Göttinnen ein, zu Ihnen in den Kreis zu treten.

4. Nutzen Sie den Kreis für Ihre Absichten oder um die Energien der Göttinnen anzuziehen. Erstellen und singen Sie Ihr eigenes Mantra zur Verstärkung. Stehen oder sitzen Sie still und meditieren Sie über Ihre Absichten. Singen, gehen oder tanzen Sie im Uhrzeigersinn im Kreis, denn die sich im Uhrzeigersinn drehende Energie bringt die Dinge zu Ihnen. Sprechen Sie Ihre Absichten laut aus oder lassen Sie sie im Stillen dem Universum zukommen

5. Da Opfergaben in Form von Speisen und Trank der Göttin willkommen sind, um ihre Gunst zu gewähren, sollten Sie einen einfachen Toast auf sie ausbringen und leichte Snacks als Zeichen der Dankbarkeit für die vielen Gaben der in den Kreis legen.

In diesem Kreis herrscht die Göttin mit höchster Energie.

Wir rufen sie an, um uns um der Freundschaft willen beizustehen,

uns aufzurichten, wenn wir fallen, zum Leben hin zu treiben.

*Mit Speis und Trank ehren wir sie
und folgen ihrem Weg in Dankbarkeit*

für gewonnene Erfahrungen und erneuerte Kräfte.

6. Um den Kreis zu schließen, zünden Sie eine Kerze im Gedenken an einen Menschen an, der nicht da sein kann, und nehmen Sie sich einen Moment Zeit, um für den Segen zu danken, den jener in Ihr Leben brachte, sowie für die vielen Segnungen, die die von Ihnen erwählte Göttin gewährte, und für den Segen von Freunden. Gehen oder tanzen Sie gegen den Uhrzeigersinn, was die Energie vertreibt oder verbannt, um den Kreis aufzulösen. *Seien Sie gesegnet.*

TEE MIT DER GÖTTIN

Wenn Ihre innere Göttin einen Neustart braucht, ist es Zeit für einen Tee mit ihr. Während eine Teezeremonie ein aufwändiges Ritual sein kann (und eines, das Sie vielleicht eines Tages einer Göttin widmen wollen), brauchen Sie hier nur zwei Tassen heißen Tee: eine für Sie, eine für Ihre Göttin – und ein bisschen Zeit, um Ihre Beziehung zu sich selbst zu stärken. Vielleicht Hibiskus, um Ihre zarte Schönheit zu ehren, Jasmin, um Ihre Sinnlichkeit zu entfachen, Lavendel für Ruhe und Erneuerung, Kamille für Ruhe, Zitrone für Freude, Hagebutten für Kreativität oder Johanniskraut für Mut. Laden Sie die entsprechende Göttin ein, sich zu Ihnen zu setzen, und bieten Sie ihr zum Dank eine Tasse Tee an.

Um die Intimität zu steigern, wählen Sie einen Tee aus dem Herkunftsland Ihrer Göttin oder einen, den Sie aus ihren heiligen Kräutern oder mit Mondwasser für besondere Energie zubereiten. Setzen Sie sich an einen ruhigen, ungestörten Ort, atmen Sie den Duft ein und genießen Sie die Aromen und Energien in der Tasse, während Sie über Ihr Anliegen meditieren. Wenn Sie bereit sind, sagen Sie leise oder laut:

Ich braute den Tee, spreche den Zauber,
beschwöre der Göttin Energie:

Lade meine Seele auf, die Tasse fülle mir,
und heb mich hoch mit Deinen Flügeln.

Mit göttlicher Energie aufgeladen sei mein Leben
und Dir verbunden bis in die Ewigkeit.

Mit Deiner Gnade, Göttin, und mit Deiner Hilfe bete ich,
mich durch den Tag mit Mut der Göttin zu bewegen.

VERGEBUNG

Um zu gedeihen, erfordern alle Beziehungen Vergebung und nochmals Vergebung. Egal, ob man gibt oder empfängt, man muss es aus wahren Herzen tun. Vergebung befreit von Schmerz und schafft der Liebe Raum zu wachsen. Sagen Sie mithilfe Ihrer Lieblingsgöttin leise oder laut:

O Göttin, deren Gnad' sich nennt Vergebung
und deren Vergebung Gnade ist, geh mit mir.

Vergebung fällt schwer, für mich selbst erworben
oder anderen in Not gewährt.

Zeig mir den Weg zum Quell der heilenden Gewässer,
von denen oft Du mir gesprochen,

Dort will ich den Balsam trinken, der mich nach Wunsch
zu lindernder Vergebung führt.

DIE WAHRHEIT SAGEN

Wir alle sind versucht, kleinen Notlügen zu erzählen – was schadet das schon? Nun, eine Lüge ist nie genug und schon bald kann man Fakten nicht mehr von Fiktion unterscheiden. Außerdem mag es niemand, wenn man ihn anlügt. Bleiben Sie bei der Wahrheit. Das ist das Richtige. Wenden Sie sich an Ihre vertrauenswürdigen Verbündeten, um nicht der Versuchung zu unterliegen.

Göttin der Wahrheit, hör mein Flehen, dass ich niemals durch Lügen irregeleitet werde;

Wenn ich versucht bin, nicht zu sagen, was meinem Herzen innewohnt, so ruf mich an.

Die Warnung lautet, Du lässt Dich nicht zum Narren halten, doch macht zum Narren sich, wer lügt.

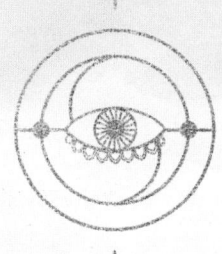

 ## KÖNIGREICH DER TIERE

Viele Göttinnen haben treue tierische Gefährten an ihrer Seite, die sie lieben, beschützen, schmücken, transportieren, unterhalten und vieles mehr! Um sicherzustellen, dass Ihre geliebten tierischen Begleiter gesund, sicher und glücklich bleiben, rufen Sie eine Göttin herbei, die Ihre Leidenschaft für Tiere teilt. Wenn Sie bereit sind, sagen Sie leise oder laut:

Ein Gebet für alle Tiere, die diese Welt durchstreifen,

ein sanftes Geschenk ist ihre reine Liebe,
die nirgends ihresgleichen findet.

Ich bitte, segne meine Begleiter,
die ständig treu ergeben sind,

ein endloser Quell der Liebe, der täglich
aus abgöttisch liebend Augen fließt.

Ich mag Amaterasu und Guanyin besonders wegen dieses Spruchs: Halte die Liebe nicht zurück – niemals. Wenn wir uns in wichtigen Beziehungen verletzt oder im Stich gelassen fühlen, ist es leicht, sich zurückzuziehen und Liebesentzug als Strafe einzusetzen. Damit bestrafen Sie jedoch nur sich selbst und verletzen diejenigen, die Sie lieben. Es ist nicht immer einfach, aber denken Sie daran, dass Liebe mit zärtlicher Fürsorge Liebe hervorbringt. Sprechen Sie mit Amaterasu, um diese Wahrheit zu erkennen, und mit Guanyin, um mitfühlende Weisheit zu erhalten, wenn Schmerz oder Wut Sie zum inneren Rückzug zwingen wollen.

Wenn Liebe schwindet, Licht erlischt und Geister nicht mehr tanzen, ruf ich die Göttin an, mich aufzurichten.

Demütig bet' ich zu Dir, dass Du mich leitest zu dem Licht und wärmst mein Herz mit lieben Worten, das Kämpfen aufzugeben,

und mir die Augen öffnest, um zu sehen, dass Liebe recht hat, immerdar.

GEBEN UND NEHMEN

Beziehungen gedeihen, wenn jeder Beteiligte sowohl ein Individuum als auch ein Mitglied des Teams sein darf. Der Umgang mit widersprüchlichen Erwartungen erfordert ein Geben und Nehmen und die Flexibilität, zu akzeptieren und nicht zu urteilen. Rufen Sie eine der Muttergöttinnen an, damit ihre bedingungslose Liebe Ihnen hilft, wenn der Beziehungsweg sich ein wenig steinig anfühlt, oder eine Göttin der Liebe, um Sie daran zu erinnern, warum Sie überhaupt in dieser Beziehung sind! Wenn Sie bereit sind, sagen Sie leise oder laut:

O Göttinnen der wahren Liebe, hört mein dringlich Flehen:

Erfüllt mich mit geduldiger Liebe,
die niemals sich beklagt, noch mich bevorzugt,

doch mich bewacht wie eine Blume,
die einen liebend Geist entfalten und ein Herz aus Gold,

den Samenkörnern ihre Chance gibt, zu wachsen,
der Sonne zuzuwenden und ihre Zeit zu spüren.

Der ewige Tanz des Handelns leitet und gibt uns Zeit,
zum Ausruhen und zum Atmen.

Heim, Herd und Heilung

DER ZAUBER DER MUSIK

Musik – der Musen – kann ein Haus mit Magie erfüllen. Die Klänge beeinflussen unsere Schwingungen und lösen emotionale und körperliche Blockaden, damit positive Energie frei fließen kann. Ein mit Musik erfülltes Heim inspiriert zu körperlicher Bewegung, baut Stress ab, entspannt, fördert den Schlaf, lindert Depressionen, steigert die verbale Intelligenz bei Kindern und hält unser Gehirn aktiv – alles Komponenten des magisch-göttlichen Lebens. Laden Sie die Musen zu Ihrer nächsten Party ein oder rufen Sie eine beliebige Göttin herbei, deren magische Energien Ihr Zuhause und alle, die darin wohnen, segnen werden.

Süße Musik der Musen,
mit Freude erfülle mein Heim.

Wo die Musik verweilt, liegt Schönheit,
und Segen fließt ganz frei.

Jede Note eine blühende Blume,
die Botschaft der Hoffnung mit sich bringt.

Musik soll kommen in Herz und Haus,
um meine Seele mit Heilung zu erfüllen.

WIR SIND DAS HEILMITTEL

Bei all dem Leid der Welt in letzter Zeit fühlt man sich leicht überfordert und nicht ausreichend vorbereitet, um etwas zu bewirken. Doch denken Sie daran, dass jede Veränderung mit einer kleinen Handlung beginnt, und jeder kleine Akt der Freundlichkeit gegen einen anderen, dessen Last wir nicht kennen, unsere eigene dreifach erleichtern wird.

Die Göttin Panakeia soll angeblich mit einem Umschlag heilen. Als Alternative schlage ich vor, dass Sie Ihre göttliche Heilerin bitten, dass sie ihre Umschlag-Weisheit und heilenden Energien in das Universum hinausschickt. Zur Einstimmung können Sie den beruhigenden Duft von Lavendel- oder Kiefernöl verbreiten. Wenn Sie bereit sind, Ihrer Welt oder der Welt im Allgemeinen heilende Schwingungen zu verleihen, sagen Sie leise oder laut:

Wo stille Leiden Angst verbreiten,
fernhalten uns von denen, die uns lieb,

soll heilende Sonne ihre Strahlen senden,
um Wolken zu vertreiben, mit Hoffnung unser'n Tag zu füllen.

Den Weg der Heilung soll sie ebnen,
Genesung wollen wir erbitten.

Oh Göttin, breite Deine Flügel aus, lass Deine Macht uns
Heilung bringen und unser Elend lindern.

Mit mildem Balsam erhebe uns're Seelen,
erlöse uns von allem Übel.

RITUAL DER KRÄUTERHEILUNG

Ob körperlich, emotional oder spirituell, Heilung ist ein Prozess. Beschwören Sie Ihre innere göttliche Kraft und jede Göttin, die mit Ihnen im Einklang steht. Airmed ist beliebt, weil sie viel über Kräuterheilung weiß und sehr mitfühlend ist.

Nehmen Sie eine schwarze Kerze zum Schutz oder eine grüne, um Airmeds Kräuter zu lenken, einen Amethyst- oder klaren Quarzkristall für heilende Energien und alle Heilkräuter, die Sie finden, wie Engelwurz, Lorbeer, Fenchel, Efeu, Melisse oder Ringelblume. Sie können auch ätherische Öle verwenden, z. B. Kamille, Lavendel, Rose, Sandelholz oder Pfefferminz.

Träufeln Sie ätherisches Öl nach Belieben auf die Kerze und zünden Sie sie an. Mischen und zerdrücken Sie frische Kräuter in einem Kessel, um deren heilenden Öle, Aromen und Energien freizusetzen. Atmen Sie tief ein und halten Sie den Atem an, damit die Kräuterenergien und lebenserhaltender Sauerstoff tief in den Körper dringen. Atmen Sie langsam aus. Wiederholen Sie das und fokussieren Sie das Atmen und seine heilenden Energien auf den Körperteil, den Sie heilen möchten, es kann auch Geist, Herz oder Seele sein. Wenn Sie bereit sind, sagen Sie leise oder laut:

Was heilen kann, kann schaden auch,
Respekt muss ich erweisen, diesem Kräuterbalsam.

Mein Denken darauf gerichtet, Schmerz zu lindern,
bitte ich Dich, Deine heilenden Hände zu legen

auf mein [Bereich, der geheilt werden soll],
das Übel abzuziehen und Heilung schnell voranzutreiben.

Der Körper wird's als erster spüren,
doch auch genesen werden Geist und Herz.

Die Zeit wird alle Wunden heilen,
Dir werde ich Deine Hilfe nie vergessen.

Wenn Sie oder jemand, den Sie lieben, kränklich ist, wenden Sie sich mit diesem Ritual an eine Göttin der Heilung. Die besten Ergebnisse werden jedoch erzielt, wenn man für sich selbst arbeitet. Wenn man keinen Schaden anrichten, sondern nur heilen will, kann man dieses Ritual auch für andere durchführen. Berücksichtigen Sie jedoch deren Umstände und Wünsche.

Legen Sie auf Ihrem Altar oder in Ihren heiligen Raum:

Mandeln, als Opfergabe für die heilenden Kräfte der auserwählten Göttin

Kleines Glas mit reinem Wasser

Bild oder Statue der Göttin, wenn Sie es wünschen

1 blaue (beruhigende Energie) oder rote (wärmende Energie) Kerze zur Heilung

Streichhölzer

Papier

Schreibgerät

Kessel

1. Legen Sie die Mandeln und das Wasser als Opfergabe auf Ihren Altar neben die Statue der Göttin, falls Sie eine haben.

2. Zünden Sie die Kerzen an, deren Energie dazu beiträgt, Ihr Gebet in die Welt zu tragen. Nehmen Sie sich Zeit, um in stiller Meditation die Göttin anzurufen, deren heilende Kräfte Sie erbitten. Visualisieren Sie sie neben Ihnen. Nehmen Sie ihre Anwesenheit wahr.

3. Schreiben Sie auf das Papier die Krankheit und die Symptome, deren Linderung Sie wünschen, sowie das, was Sie an deren Stelle ersehnen. Falten Sie das Papier so klein wie möglich und legen Sie es in den Kessel auf eine hitzebeständige Unterlage.

4. Beten Sie zu Ihrer Göttin um heilende Linderung:

Oh Göttin, ich spüre Deinen wohltuenden Geist. Lege Deine heilenden Hände auf [Name], um das ihn quälende Übel zu vertreiben.

Mit Wasser aus deiner heiligen Quelle, reinige die Wunden, die du siehst, und die, die sich darin verbergen.

Bring friedliche Gedanken, um Angst zu lindern und Grauen zu besänftigen.

Mit dem Atem des Lebens singe von Zeiten, wenn Gesundheit und Freude wiederkehren.

Ich bitte, verbanne den Schmerz und gib Kraft, sodass Heilung eintreten kann.

Dafür, was wir von Die erbitten, ehren wir Dich und sagen Die Dank.

5. Nehmen Sie sich einen Moment Zeit, um in Dankbarkeit für das zu verweilen, was die Göttin bringen wird.

6. Zünden Sie das Papier im Kessel an und beobachten Sie, wie die Flammen Krankheit und den Schmerz, von denen Sie Linderung erhoffen, hinweg tragen. Löschen Sie, wenn nötig, die Flammen vorsichtig mit dem Wasser.

7. Löschen Sie dann die Kerze und beobachten Sie, wie der aufsteigende Rauch Ihr Gebet in den Kosmos trägt, wo es empfangen und erhört werden wird.

SCHLAFEN WIE EINE GÖTTIN

Wenn Schlafen wie ein Engel sich als teuflischer Kampf erweist, rufen Sie eine beliebige Göttin der Nacht herbei oder eine, die mit einer sanften Berührung ihrer Hand den Schlaf bringen kann. Machen Sie es sich bequem, atmen Sie den süßen Duft von Sternenstaub und sprechen Sie mit Ihrer auserwählten Göttin. Wenn Sie bereit sind, sagen Sie leise oder laut:

Oh liebliche Göttin, Schlaf suche ich,
sanft umhüllt von deinen Flügeln.

Flüstere mir sanfte Worte zur Beruhigung,
als würden Engel singen.

In süßer Ruhe, erhaben liegt der Frieden, den ich suche.

Ich bitte, lindere die ruhelosen Nächte, die ich fürchte,
und bring mir ruhigen, tiefen Schlaf.

Überfluss, Vermögen und Wohlstand

KLAR NEGATIVE ENERGIE

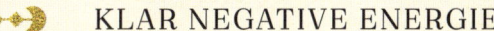

Manchmal ist eine Pechsträhne oder ein Unglück in Wirklichkeit nur das Bedürfnis, sich zu befreien. Die Reinigung der Psyche kann Auswirkungen aufgestauter negativer Energien, die bremsen, beseitigen. Rufen Sie jede Göttin herbei, mit der Sie gern Kontakt haben, mit reinigenden, reich fließenden Energien, oder eine Mondgöttin, die sich Ihnen bei Vollmond anschließt, wenn ihre reinigende Energie am höchsten ist. Mit ihr und dem reinigenden, erneuernden Ritual schaffen Sie Platz für positive Energien.

Kristalle, deren Energien mit Ihren Absichten übereinstimmen, können hilfreich sein. Denken Sie an schwarzen Turmalin oder Selenit (gegen negative Energie), Rosenquarz (für bedingungslose Liebe, Mitgefühl und Frieden), klaren Quarz (für alle Zwecke), Mondstein (zur Verbindung mit Ihrer inneren Göttin) oder Amethyst (Schutz).

Rufen Sie die Göttin an und meditieren Sie mit ihr. Atmen Sie tief ein und langsam aus. Noch einmal. Konzentrieren Sie Ihre Gedanken darauf, den Körper bei jedem Einatmen mit der fließenden Vitalität der Göttin zu füllen. Spüren Sie, wie diese durch Ihren Körper fließt. Atmen Sie jede Negativität aus, die den Weg zu einem Leben in Fülle und Wohlstand blockiert. Bleiben Sie so lange bei Ihrer Göttin, wie es Ihnen angenehm ist, und kehren Sie sanft in die Welt um Sie herum zurück. Wenn Sie fertig sind, sagen Sie dann leise oder laut:

Wie Luft, die meine Lungen füllt,
strömt Deine Liebe ein, zu nähren meine Seele.

Jeder Atemzug vertreibt das Dunkel,
und Licht fließt durch mich mit reinigender Kraft –

Des Lebens Rhythmus wiederkehrt,
demütig dank ich Dir und ehre Dich dafür.

SICH GLÜCKLICH SCHÄTZEN

Hoffnung und Glück gehen Hand in Hand, aber warum sollten Sie die Chancen nicht erhöhen, indem Sie mit Ihrer Lieblingsglücksgöttin verhandeln. Sie hält Ihnen den Rücken frei. Ein großzügiges Angebot könnte das Geschäft besiegeln.

Wenn der Mond hell erstrahlt, und das Glück nahe ist, dann ist das der richtige Moment zu wetten,

dass der Segen der Glücksgöttin eintrat, als Antwort auf mein Flehen.

Süße Göttin, wirf Deinen Zauber über mich – lass Kismet, Karma und Fortuna frei,

um das Glücksrad mehr zu meinem Gunsten zu drehen.

 ## RUHM UND VERMÖGEN

Uns allen sind fünfzehn Minuten Göttinnen-Ruhm bestimmt, aber einige von uns wollen einfach mehr. Wenn Sie gern im Mittelpunkt stehen und vorhaben, es für etwas Gutes zu nutzen, dann bitten Sie Ihre Lieblingsgöttin, ihr Licht auf Sie zu richten. Wenn Sie einen Glückspfennig, einen Zweig Dille und ein Stück Jade bei sich tragen, wird Ihre Botschaft noch deutlicher. Scheuen Sie sich nicht, nach Möglichkeit das Mikrofon zu ergreifen, um Ihre Botschaft zu verkünden. Wenn Sie dafür bereit sind, sprechen Sie leise oder laut:

Mit Gehabe und Pose einer Göttin,
die geschenkten Reichtümer vor Augen

sowie endlose Tage der Verwöhnung,
ohne den Finger zu rühren –

all meine Wünsche recht erfüllt –
bin ich gekommen, endlich, an mein bestes Leben.

Doch etwas in mir ruft nach mehr,
den Reichtum und die Sache zu verbreiten:

Jedes Leben ist für seinen Wert bekannt,
bestimmt durch Freude von Geburt an, jeder Tag.

 ## SÜSSER ERFOLG

Lakshmi, die ultimative Göttin des Reichtums und des Erfolgs, ist vielleicht genau die Richtige, wenn die Bargeldreserven schwinden, aber der Wille, mehr zu verdienen, hell leuchtet. Wenn Sie bereit sind, sagen Sie leise oder laut:

Süße Lakshmi, deren Schönheit man besingt,
auch Reichtum und Freude und alles, was sie bringt.

Du sitzt auf Deinem Lotosthron.
Ich bitte, dich, dass Du ein wenig rückst zur Seite ...

dass ich mich zu Dir setzen kann auf Deinen Sitz,
Symbol des süßen Wohlstands.

Erhöre, bitte, mein Gebet, mein Leben sei beschenkt,
durch deinem Vermächtnis reich.

ÜBERFLUSS WÜNSCHEN

Ein großzügiger Geist ist die Grundlage des Überflusses. Geben ist Empfangen und Empfangen steht im Zeichen der Dankbarkeit. Das göttliche Reich ist erfüllt von Großzügigkeit, gesegnet mit Überfluss und begierig darauf, Sie dabei zu unterstützen, ein Leben im Überfluss zu führen. Legen Sie Ihre Absichten entsprechend fest und gehen Sie mit der von Ihnen erwählten Göttin auf Ihr Ziel zu. Wenn Sie bereit sind, sagen Sie leise oder laut:

Unsich'ren Schritts ergreif ich Deine Hand,
zu folgen Deinen Spuren.

Mein dankbar Herz ist voll von Plänen,
sie zu pflanzen wie Samen in fruchtbares Land.

Führe mich auf diesen gewundenen Pfaden;
lehre mich zu trennen vom Weizen die Spreu,

damit ich, gesegnet mit Reichtum,
geteilt mit der Menschheit mich freu.

Weisheit und Wissen

 MEDITATION FÜR DIE MONDGÖTTIN

Dieses einfache Meditationsritual kann Ihnen helfen, die alten Mond-göttinnen anzusprechen, die vor Ihnen da waren. Ihre Weisheit und Führung in diesen sich verändernden und emotionalen Zeiten stehen Ihnen zur Verfügung, wenn Sie sie einfach darum bitten.

Jede Göttin kann verschiedene, heilige weibliche Aspekte in Ihnen aktivieren, also zögern Sie nicht, um all ihre Gaben zu bitten, vielleicht auch nur um eine bestimmte, je nach Ihren Bedürfnissen. Sich mit ihnen zu verbinden ist einfach:

1. Meditieren Sie still (siehe Seite 17) und konzentrieren Sie sich auf die Göttin, die Sie einladen möchten, und den Bereich, den Sie mit ihr bearbeiten möchten. Laden Sie Isis ein, um Ihr Vertrauen und Ihre Intuition zu stärken, um eine bestimmt Situation zu bewälti-gen. Beim Meditieren verbinden Sie sich mit der Göttin so, dass Sie mit ihr in Einklang stehen.

2. Sie müssen sie nur einladen und still meditieren. Achten Sie auf Ihre intuitiven Sinne und außersinnlichen Wahrnehmungen wie *Hellsehen*, *Hellhören* oder *Hellfühlen*. Je nachdem, welcher Sinn bei Ihnen am stärksten ausgeprägt ist, können Sie göttliche Füh-rung. Gegenwart und Liebe hören, fühlen, wissen oder sehen.

3. Wie auch immer, vertrauen Sie darauf, dass die einfache Bitte um Unterstützung Sie offen werden lässt, sich mit Ihren göttlichen weib-lichen Gaben zu verbinden, die sich auf subtile und geheimnisvolle Weise offenbaren. Seien Sie bereit für Zeichen ihrer Führung und vertrauen Sie Ihrer Intuition, wenn Sie mit den Göttinnen arbeiten.

4. Bedanken Sie sich bei Ihrer Göttin für ihre Zeit und Aufmerksamkeit.

SUCHE NACH WEISHEIT

Es gibt Zeiten, wenn die Fakten allein nicht genügend Information bieten; Zeiten, wenn Weisheit und Wissen, was man tun oder lassen sollte, genau den Unterschied zwischen Erfolg und Misserfolg ausmachen. Die versteckten Implikationen der Botschaften, die wir erhalten, zu verstehen und angemessen darauf zu reagieren, bedeutet manchmal, eine höhere Macht – Göttin – anzurufen. Wenn Sie sich gerade in so einer Lage befinden, sprechen Sie die weise Göttin, die Sie ausgewählt haben an (leise oder laut), und seien Sie offen für ihre erhellenden Botschaften:

Oh wissende Göttin, hilf mir,
denn weise muss ich sehen,

mein Kopf sagt „Ja", mein Herz sagt „Nein",
und meine Freunde? – Nicht einer stimmt mir zu.

Ich bitte, berate mich weise
bei harten Entscheidungen und Ergebnissen.

KÜCHENWEISHEIT

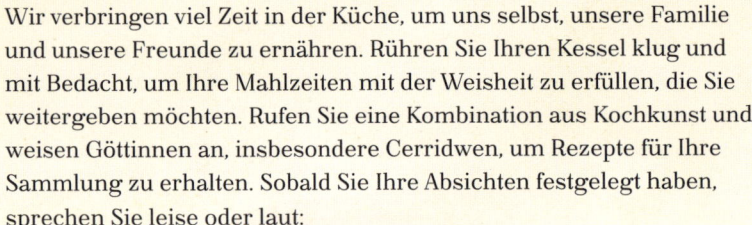

Wir verbringen viel Zeit in der Küche, um uns selbst, unsere Familie und unsere Freunde zu ernähren. Rühren Sie Ihren Kessel klug und mit Bedacht, um Ihre Mahlzeiten mit der Weisheit zu erfüllen, die Sie weitergeben möchten. Rufen Sie eine Kombination aus Kochkunst und weisen Göttinnen an, insbesondere Cerridwen, um Rezepte für Ihre Sammlung zu erhalten. Sobald Sie Ihre Absichten festgelegt haben, sprechen Sie leise oder laut:

Basilikum verleiht Dir Mut,
wenn steinige Wege vor Dir sind.

Ein Büschel Dill, ein Minzezweig –
hält stand des Lebens bösem Wind.

Die Prise Salbei für die Zeiten,
in denen Weisheit fehlt,

Scharfgarbenblätter, zu heilen und zu trösten,
was krank ist auf der Welt.

Zimt riecht nach Erfolg, so süß,
wird ausgiebig er verstreut,

so wie Lavendel und Kamille
für Schlaf und Frieden, nie gereut.

So rühre, koste, mit einer Prise Salz,
um des Geschmackes Willen –

ein würziges Leben ist Wunsch an Dich,
mögest ihn mir Du erfüllen.

EINE NEUE PERSPEKTIVE

Die weisesten Göttinnen unter uns wissen, dass man viel von anderen lernen kann. Unterschiedliche Perspektiven können Heerscharen ungesehener Möglichkeiten eröffnen. Um Ihre eigene Perspektive zu hinterfragen, tauschen Sie beim Abendessen den Stuhl, nehmen Sie bei einem Geschäftstreffen einen anderen Platz ein, setzen Sie sich in der U-Bahn in die entgegengesetzte Richtung ... eine einfache Veränderung kann eine neue Perspektive eröffnen. Wenn Sie bereit sind, Ihre Perspektive zu hinterfragen, rufen Sie die Göttinnen an, die Sie lieben, auch wenn deren Rollen ziemlich widersprüchlich erscheinen, und sagen Sie leise oder laut:

Oh Göttin, deren Rollen sich zu unterscheiden scheinen
wie Tag und Nacht,

Lehre mich Deine unausgesprochene Weisheit,
alles aufzunehmen, was das Leben zu bieten hat ...

Denn ich kann stecken in einem Trott,
Gedanken nur auf mich gerichtet.

Doch muss ich meinen Blickwinkel erweitern,
auf dass mein Handeln Vertrauen schafft,

und Hilfe, mich daran zu erinnern,
Dir zu danken, dass Du Deinen Weg mit uns teilst.

DER INTUITION VERTRAUEN

Ihre Intuition ist die Quelle der Weisheit, die sich im Laufe des Lebens in Ihrem Inneren ansammelt. Sie ist die Macht Ihrer Göttin, das Unsichtbare zu beurteilen und zu wissen, wann eine Gefahr droht. Sie sieht klar, auch wenn wir das nicht tun, weshalb wir dazu neigen, sie im Nachhinein zu bezweifeln. Viele Göttinnen sind auf die Fähigkeit ihres Unterbewusstseins eingestimmt, das zu sehen, was wir ignorieren. Iris, eine von ihnen, können Sie anrufen, wenn Kopf und Herz nicht übereinstimmen.

All-sehende Göttin, die ich suche,
verleihe mir die Kraft zu sehen.

Ich rufe dich an, erhöre mein Klagen, erwecke den inneren Blick.
Mach mein inneres Auge stark, mach mir klar, was ich verkenne.

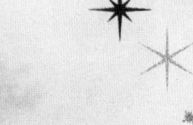

LOSLASSEN

Das Schöne daran, etwas loszulassen, das uns nicht dienlich ist –
Schuldgefühle, Sorgen, Ängste und Enttäuschungen –, ist die damit
verbundene Freiheit. An deren Stelle entsteht ein weit offener Raum, der
mit Absichten gefüllt werden kann, die mit unseren Prioritäten übereinstimmen. Altweiber-Göttinnen, insbesondere Hekate, können uns helfen, klar zu erkennen, wann diese Zeit gekommen ist. Wenn Sie bereit
sind, sich der Realität zu stellen, sagen Sie leise oder laut:

*Göttin der Finsternis, deren Weisheit Licht ist,
deren Wissen mit der Zeit immer größer wird,*

*ein Ende ist nur ein Anfang – Du lehrst mich,
abzuwerfen, was nicht länger mein ist.*

*Ich bitte, erweise mir die Gnade, frei loszulassen,
was nicht dienlich ist und nicht mehr wächst.*

*Zu sehen, dass es einen Weg gibt, der mich zum Aufstieg lädt,
weg von der Vergangenheit, hin zum Erhabenen.*

Stärke und Schutz

Manchmal halten uns schlechte Gewohnheiten von unseren Zielen fern und untergraben häufig unsere wahren Absichten. Was uns zurückhält, ist oft die Angst vor Veränderungen. Wenn die Zeit reif ist, sich einer Veränderung zu stellen, müssen Sie wahrscheinlich auch Ihr Verhalten, das Ihnen im Weg steht, ändern. Achten Sie die Göttin, die Sie an Ihre Seite rufen, und nehmen Sie sich einen Augenblick Zeit, um Ihren göttlichen Mut zu visualisieren und die Kraft der Verpflichtung zu spüren. Wenn Sie bereit sind, sagen Sie leise oder laut:

Oh gute Göttin, steig ein in diesen furchterregenden Kampf,
um meine würdigen Ziele im Auge zu behalten.
Gewähre mir Mut, dass Gewohnheiten an diesem Tag bereut,
im Kampfe fallen und verblassen.

Ich muss angreifen und mich der Veränderung verpflichten,
um die Angst zu besiegen, die mich zurückhält.

So bin ich gewappnet, dies alles durchzustehen
und jede Hoffnung, jeden Traum zu verwirklichen. .

DURCHHALTEN

Bei den Kämpfen im Alltag verlieren wir leicht den Blick für das Wesentliche. Die endlose Hektik, der Lärm und das Chaos können unsere Gedanken übertönen und lassen wenig Zeit für die Verwirklichung unserer Absichten. Rufen Sie die Krieger-Göttinnen an, damit sie Ihnen helfen, Konflikte zu schlichten und Zeit und Raum zu schützen, damit Sie die Arbeit für Ihren inneren Frieden fortsetzen könne. Athene ist die perfekte Verbündete. Wenn Sie bereit sind, sagen Sie leise oder laut:

Athene, geboren schon für den Kampf gerüstet –
Kriegerin von Anbeginn.

Verleihe mir den Mut, Grenzen zu setzen
und die, die mir am Herzen liegen, auch zu verteidigen.

Verleihe mir auch die Stärke durchzuhalten,
damit ich den Kampf bis zum Ende führen kann.

Denn dort werde ich den Frieden finden, den ich suche,
den Olivenzweig fest in der Hand.

PANTHEON FÜR DEN SCHUTZ

In diesen schwierigen Zeiten, in denen man sich oft durch überall auf-tauchendes, unsichtbares Unheil an den Abgrund gedrängt sieht, ist es leicht, sich ängstlich und unsicher zu fühlen. Getrennt von geliebten Menschen und dem früheren Alltag, sehnen wir uns nach dem Vertrau-ten. Wenn Sie Heilung suchen, rufen Sie eine verbündete Göttin an, Ihre schützenden Energien zu vermehren, sodass Sie auf dem Weg nach vorne in Sicherheit sind.

Ich rufe an den Pantheon der Göttinnen –
uns an den Händen haltend, lasst Energie entstehen.

Denn durch die Welt das Böse streift,
lässt sich nicht eine Nachbarschaft entgehen.

Wir müssen kämpfen, bewahren unser Haus,
vor nicht vorhersehbarem Schaden.

Als schützend Schild wirf Göttin Deine Stärke,
und segne uns mit Deinen Gaben.

Wenn man zwar weiß, was richtig ist, sich aber nicht auf den Kampf vorbereitet fühlt, kann eine Göttin mit Stärke, Wahrheit und Macht unsere beste Verbündete sein. Haben Sie keine Angst, um Hilfe zu bitten.

In Zeiten der Dunkelheit, bringe dein Licht.
In Zeiten der Angst, mach frei meine Sicht.

Mächtige Göttin, steh mir bei,
gib mir den Mut, den Kampf zu meistern.

Ich bete um Frieden und Kraft, um einzustehen
für das, was richtig ist, auch wenn es Mut erfordert.

Auch wenn ich fürchte zu versagen,
mit deiner Hilfe will ich's wagen.

GLAUBE AN MAGIE

Jede Göttin des Pantheons bringt ihre besonderen Gaben mit in die Welt, allen voran die Magie. Den Zauber zu glauben, an ihre Kräfte, ihr Schicksal, die Liebe, das Ungesehene, das Unbewiesene – an ihre Magie. Leben mit der Stärke, an Magie zu glauben, schenkt uns die Magie des Glaubens. Versammeln Sie Ihre magischen, göttlichen Freundinnen und sagen Sie leise oder laut:

Durch Sonnenuntergänge, Regenbogen und Sterne,
scheint die Magie der Welt oft gerne.

Doch nicht immer sieht man die Magie,
doch als Freude innen drin, da fühlt man sie.

Ich schätze jeden Kuss, den ich für einer
Göttin Flügel und Hohn der Feen hielt.

Die Spur der Segnung, den sie lassen,
ist als besond'rer Zauber zu erfassen ...

Suchst du Magie und Zauber hier,
blick in dich hinein: Er ist in dir.

Kreativität und Freude

GÖTTINNENLEBEN

Sie selbst bestimmen ein freudvolles Leben. Nehmen Sie sich Zeit, darüber nachzudenken, was Ihnen wahre Freude bereitet, und machen Sie das zu Ihrer Priorität. Mit Freude zu leben bedeutet auch, im Augenblick zu leben – keine Zeit für Reue oder sich über die Zukunft Sorgen zu machen. Nehmen Sie alles wahr, was Sie haben, und seien Sie dankbar dafür. Lassen Sie das Urteilen sein und nehmen Sie all die Freude an, die das Leben bringt. Suchen Sie die Freude der Göttin in allem, was Sie tun, und strahlen Sie diese durch Ihr Lächeln wieder aus. Arbeiten Sie mit Ihrer Lieblingsgöttin des Glücks und sagen Sie leise oder laut:

Oh Göttin, reinen Herzens, reinen Geistes,
deren Gegenwart nur Freude bringt,

Lehre mich Gesang und Tanz –
deren Fröhlichkeit wie in Trance schwingt,

sich tief in meiner Seele niederlässt,
und Dunkelheit in Licht verwandelt.

Ich kann lächeln, atmen, mich bewegen,
so lässt Frohsinn heit're Töne in mir lachen –

er färbt das Leben bunt, fällt auch der Regen,
und füllt die Tage mit neuem Wert und seinem Segen.

Jeder Tag birgt göttliche Möglichkeiten, um zu zeigen, wer Sie sind. Vergeuden Sie keinen weiteren Tag, die Aura Ihrer inneren Göttin zu schmälern. Lassen Sie sie in die Welt strahlen – ihre Energie wird ihren eigenen Zauber entfalten.

Spieglein, Spieglein, sprich mit mir:
beschreibe die Göttin, sie zeigt sich dir.

„Oh Göttin, die ich seh ganz klar,
hast mächt'ge Kraft in Dir, fürwahr.

Das Gesicht dem Strahl des Mondlichts gleich,
die Augen senden Liebe, an der Dein Herz ist reich.

Du nährst, schaffst Leben, lehrst weit und breit,
den Kampf zu führen, zu schlichten Streit.

Deine göttliche Weisheit, sie leitet uns alle –
willkommene Gabe in jedem Falle."

Glaube an der Göttinnen wahre Kraft –
jede ihr Bild in deinem schafft.

LASSEN SIE DER KREATIVITÄT IHRER GÖTTIN FREIEN LAUF

Kreative Stimmungen tauchen überall und jederzeit – aber manchmal brauchen sie einen Anstoß, um sich zu entfalten. Neben einer Göttin, die Sie mit Leidenschaft inspiriert, oder einer, die mit Kunst oder Handwerk verbunden ist, kann die Verwendung von Kristallen Ihrer Kreativität einen energetischen Kick verleihen. Probieren Sie Zitrin für reine Kreativität, blauen Spitzenachat, um Kopf und Herz in Einklang zu bringen, Amethyst oder einen anderen violetten Kristall für erweiterte Vorstellungskraft, Karneol für die Entfesselung kreativer Gedanken, Coelestin für göttliche Inspiration oder Opal für wahrhaftige Selbstdarstellung. Halten Sie den Stein und spüren Sie, wie die Göttin Sie leitet. Sind Sie bereit, sagen Sie leise oder laut:

In demütiger Ehrfurcht vor dem, was Du bist und erschaffst,

bitte ich, hauch meiner Seele neues Leben ein,

Leidenschaft, von der ich weiß, sie findet einen Weg,

der Welt die Magie meiner inneren Kunst zu zeigen –

meine noch nicht erzählte Geschichte.

⤙⤙⤙❱ ATMEN SIE DIE WELT GLÜCKLICH ❰⤙⤙⤙

Schon der kleinste Blick auf einen Regenbogen ist unermessliche Freude – und eine Botschaft des Göttlichen. Obwohl sie nicht selten vorkommen, sieht man sie nicht jeden Tag ... nutzen Sie daher ihr Erscheinen, um das Glück zu beschwören, wann immer Sie Ihre Stimmung heben wollen. Rot, Orange, Gelb, Grün, Blau, Indigo und Violett sind die Farben, der in den Himmel gemalten Brücke, die ihre Energien in unserem Geist auflösen.

Zu Beginn rufen Sie Iris, die Göttin des Regenbogens, an, damit freudige Mantras in Ihrem Inneren vibrieren und sich Herz und Geist für all das Glück um Sie herum öffnen. Wenn Sie bereit sind, sagen Sie leise oder laut:

Atme und glaube: Ich bin Freude, ich bin Licht, ich bin Frieden.

Atme und glaube: Ich bin stark, ich bin hier, ich bin genug.

Atme und glaube: Ich habe Hoffnung, ich habe Liebe, ich habe alles.

Suchen Sie einen friedlichen, ruhigen Ort. Schließen Sie die Augen, wenn Sie möchten, und atmen Sie eine Farbe nach der anderen ein, bis Sie von Kopf bis Fuß mit ihrer Vitalität und Freude erfüllt sind.

- ᕲ Rot: Atmen Sie Leidenschaft ein, Schmerz aus.

- ᕲ Orange: Atmen Sie Kreativität ein; Langeweile aus.

- ᕲ Gelb: Atmen Sie die freudigen, lebenspendenden Eigenschaften der Sonne ein; Angst aus.

- ᕲ Grün: Atmen Sie Erneuerung ein; Kummer aus.

- ᕲ Blau: Atmen Sie Ruhe ein; Spannungen aus.

- ᕲ Indigo: Atmen Sie Intuition ein; Negativität aus.

- ᕲ Violett: Atmen Sie Botschaften Ihrer Göttin ein; Dankbarkeit aus.

 ## VERBANNEN SIE
LANGEWEILE

Langeweile und Routine können Kreativität und Freude verkümmern lassen. Bringen Sie ein wenig göttliche Kreativität in Ihre Welt mit ätherischem Öl und Ihren kreativen Lieblingsgöttinnen, wie einer der Musen, um den Funken zu entfachen. Düfte waren den Göttinnen heilig und wurden in zahlreichen Zeremonien und Riten verwendet. Sie sollten also auf Ihrem Altar stehen, wenn Sie etwas Spezielles brauchen, um negative Energien zu vertreiben, die aus Langeweile entstehen. Zitrusdüfte sind frisch und genau das Richtige, um dem Tag ein wenig Schwung zu verleihen.

Sanfte Muse, deren Talent
unterhält und Freude macht,

 mit federleichter Brise, die sanft durch Bäume weht,
verzaubere meine Welt heut' Nacht.

 Führe meine Hand, sodass ich meine Tage male
in kühnen, heller Farben;

Erfülle meine Seele mit dichterischem Glühen,
um nicht in Dunkelheit zu darben.

LACHEN WIE EIN KIND

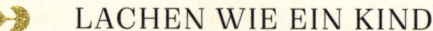

Erinnern Sie sich an die dummen Witze, über die Sie als Kind so lachten, bis Sie zu weinen begannen – oder die jetzt Ihre Kinder hysterisch lachen lassen? Wissen Sie noch, wie gut sich das anfühlte? Ein Lachen aus dem Bauch heraus bringt nicht nur Spaß in den Tag, sondern versorgt durch das Einatmen Ihren Körper buchstäblich mit gutem Sauerstoff, regt den Kreislauf an, löst Muskelverspannungen, hebt Ihre Stimmung, verbindet Sie mit anderen, lindert Stress und Schmerzen und aktiviert Ihr Immunsystem. Das ist doch was zum Lachen! Die Göttin Baubo hat einen der schrägsten Sinne für Humor im göttlichen Reich. Ihr gelingt es sicher, zumindest ein Kichern, wenn nicht sogar ein Glucksen und hoffentlich einen richtigen Lachanfall auszulösen. Wenn Sie bereit sind, sich gesund zu lachen, sagen Sie leise oder laut:

Liebe Baubo, Herrin des großen Spaßes,
nun sind deine Talente gefragt.

Flattere, wackle, tanze
und stolziere, wie es Deinem Herzen beliebt.

Einen Witz oder zwei in den Reigen gemischt,
wird die Menge zweifellos erfreuen.

Wir bitten um einen Ausbruch der Heiterkeit und
ein Lachen, das von Dir inspiriert ist.

Ausreichend Zeit mit Dir zu haben, gesegnet bin ich und erfreut.
Dass Stärke viele Seiten hat, zeigt jede Göttin mir erneut.

Liebe, Heim, Familie, Gesundheit, Weisheit – den Aufgaben hab ich mich gestellt.
Ich habe es geschafft – doch wie nur, um alles in der Welt?

Vergebung fällt mir leichter jetzt, da ich aus Liebe sie gewann.
Und Schönheit ist, wie Schönheit ist – sie lockt Bewunderer an!

Wenn wir uns in Gesellschaft finden, die kreativen Säfte fließen,
sogar die Tage sind besprochen, die uns zu Müttern werden ließen.

Sie hat mich reich beschenkt, die Zeit, die ich mit Mädchen nur verbracht.
Die Chance, ich selbst zu sein, hat mich unter Größten groß gemacht.

Dank an Euch Göttinnen, die ihr Euren Kreis für mich geöffnet habt,
mir zeigten, wer ich bin, mit Weisheit, Liebe, Führung mich gelabt.

Wenn sich die Seiten schließen, der Freundschaften nicht ist Ende hier,
denn wir haben ein starkes Fundament gebaut – der Rest, er liegt bei dir.

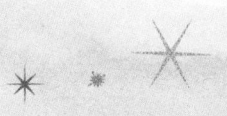

Danksagung

Man sagt, um ein Kind großzuziehen, braucht man ein Dorf. Bei einem Buch ist es genauso. Mein erster Dank gilt meiner göttlichen Lektorin, Leeann Moreau. Ihr Glaube an mich sowie ihre Worte der Ermutigung, Inspiration, Strategie und des Mitgefühls waren göttliche Geschenke an mich während des Schreibens dieses Buches. Und wie immer führte uns die Hauptgöttin und Verlegerin, Rage Kindelsperger, mit Weisheit und Autorität. Besonderer Dank gebührt auch dem übrigen Team von Wellfleet, Göttern und Göttinnen gleichermaßen, für die Bereitstellung ihrer immensen Talente für dieses kreative Unterfangen.

Meiner Familie und meinen Freunden danke ich für ihre Unterstützung, ihren Enthusiasmus, ihr Interesse und ihre Ermutigung. Sie sind ein Segen und eine Freude. Besonderer Dank gebührt meiner Schwester-Göttin Gaye: „Ich ehre deine Stärke!" Und meinem Ehemann John: „Deine unerschütterliche Liebe und Unterstützung und die Verehrung meines Göttinnenstatus im Haus sind Geschenke der Götter!"

Auch meinen Lesern, Göttern und Göttinnen, danke ich. Seien Sie gesegnet!

Quellen und Referenzen

Akta Lakota Museum and Cultural Center. „Legend of the White Buffalo." Akta-Lakota.stjo.org. Accessed April 6, 2021.

Allen, Charlotte. „The Scholars and the Goddess." *The Atlantic.* January 2001.

Encyclopedia.com. „Food in Myth and Legend." Accessed 3/30/2021.

Ferguson, Yuna L., and Kennon M. Sheldon. „Trying to Be Happier Really Can Work: Two Experimental Studies." *The Journal of Positive Psychology* 8, no. 1 (2013): 23–33. doi.org/10.1080/17439760.2012.747000.

Gilbert, Natasha. „The Science of Tea's Mood-Altering Magic." *Nature* 566, S8–S9 (2019): doi:10.1038/d41586-019-00398-1.

Illes, Judika. *Encyclopedia of Spirits: The Ultimate Guide to the Magic of Fairies, Genies, Demons, Ghosts, Gods & Goddesses.* San Francisco: HarperOne, 2009.

Jackson, Jamie. „Corn Mother: The History of Corn.'"MotherEarthGardener.com. Accessed April 8, 2021.

Keller, Mara Lynn. „Goddess Spirituality" in Leeming, D. A. (ed), *Encyclopedia of Psychology and Religion.* Boston: Springer. doi.org/10.1007/978-1-4614-6086-2_9331.

Legends of American. „Legend of the White Buffalo." Accessed April 6, 2021.

Livius: „Kybele." Livius.org. Accessed December 4, 2020.

Native American Spider Mythology: NativeLanguages.org

Prohom Olson, Danielle. „The Goddess Feasts: The Magic of Gratitude, Pleasure, and Plenty." GatherVictoria.com. Accessed December 1, 2020.

Shaw, Judith. „Rosmerta, the Great Provider—A Celtic Goddess of Abundance." *Feminism and Religion,* 2015.

The Buddhist Centre: TheBuddhistCentre.com

The Sophia Women's Institute, Living Water blog. „Invoking the Goddess: Midsummer Magic and Transformation." TheSophiaWomensInstitute.com. Accessed December 1, 2020.

United Nations of Roma Victrix: UNRV.com

Register

Kybele, phrygische Muttergöttin